특목고는 기도중

아침 7시

특목고는 기도중
아침 7시

지은이 | 강성화
펴낸이 | 김원중

편　집 | 김현정, 윤예미
디자인 | 옥미향
마케팅 | 김재국
제　작 | 서 영

초판인쇄 | 2007년 4월 20일
초판2쇄 | 2007년 5월 10일

출판등록 | 제301-1991-6호(1991.7.16)

펴 낸 곳 | 도서출판 선미디어
　　　　　상상예찬 (주)
주　　소 | 서울시 마포구 상수동 324-11
전　　화 | (02)325-5191 팩　스 | (02)325-5008
홈페이지 | http://smbooks.com

ISBN 978-89-88323-95-3　03230

값 9,800원

*잘못된 책은 바꾸어 드립니다.
*본문에 실려있는 글은 저작권 보호를 받는 저작물이므로
  출판사와 저자의 허락없이 무단 복제할 수 없습니다.

특목고는 기도중

아침 7시

강성화 지음

머리말

학교를 돌아보며

　미국에서의 인생을 버리고 벽제로 들어온 것도 벌써 10년이 되어가고 있다. 1998년, 나는 벽제중·고등학교 교장으로 부임하라는 제의를 받았고, 남편은 안산공과대학의 국제통상과 학과장으로 오라는 제의를 받았었다.

　우리는 앞날을 위해 기도했다. 1985년에 유학길에 올라 미국에서 살아온 세월이 13년이었다. 남편은 신학교를 마치고 2년 전 개척교회를 시작했고, 나는 오렌지카운티에서 제법 큰 어린이집을 운영하고 있었다. 세 명의 아이들은 모두 미국에서 태어나고 자랐다. 이대로 미국의 시민이 될 것인지, 아니면 고국으로 돌아가 학교의 교장으로 새로 시작할 것인지 결단해야 할 때가 온 것이다.

　나는 귀국하는 길을 택했다. 많은 학생들을 만나고, 그 아이들을 사회에 꼭 필요한 사람으로, 봉사하는 지도자로 교육시키는 것이 하나님의 뜻이라고 생각했기 때문이다. 아이들은 다행히 한국에서의 생활에 잘 적응해주었고, 남편은 신설 대학의 초대 총장직을 맡게 되었다. 나는 벽제중·고의 재정비와 벽제고의 고양외고 전환, 교사 임용, 학교 건물 건축 등으로 눈코 뜰 새 없이 바쁜 나날을 보냈다.

지금 와서 돌이켜보면 여러 고난과 결단의 어려움은 모든 것을 합력하여 선을 이루시는 하나님의 뜻대로 진행되었다는 생각이 든다.
 풍전등화 같던 벽제고는 고양외고로 전환되어 해가 다르게 우수한 학교로 성장하고 있고, 적응을 하지 못할까봐 노심초사했던 아이들도 장학금을 받으며 대학 생활을 하고 있다. 남편은 과로로 몸을 상했지만 하나님의 기적으로 모두 치유되는 경험까지 했다.
 하나님의 은혜의 강물은 벽제중학교와 고양외국어고등학교뿐 아니라, 우리 가정에도 흘러넘치고 있다. 나는 앞으로도 하나님이 나의 가정과 고양외고를 하나님의 날개에 태우시고 높은 곳으로 인도하시리라는 것을 알고 있다.
 이 책의 모든 독자에게도 하나님의 인도가 함께하기를 기원하며, 책이 나올 수 있도록 힘써주신 선미디어의 여러분께 진심으로 감사를 드린다.

2007년 4월, 고양외고 교정에서

교장 김미화

고양외고와 함께한 3년

아이가 고양외고에 입학한 첫해, 아이를 학교에 보냈으니 학교에서 봉사를 하는 것도 좋지 않겠냐는 권유를 받았었다. 별 일 아니라고 생각해 쉽게 수락하고 맡게 된 것이 스쿨버스 어머니 회장이었다.

무슨 일을 하는지조차 모르고 그냥 웃으며 시작한 일이, 연일 여러 학부모와 버스기사를 상대로 목청을 높여가며 실랑이를 벌이는 일일 줄이야. 학부모들의 버스에 대한 불만으로 우리 집 전화는 끊임없이 울려댔고, 아침 일찍 눈을 뜨자마자 창문을 열고 날씨를 살피며 안전운행을 간절히 기도하는 날들이 이어졌다.

아무것도 모르던 나는 여러 기사님들께 도움을 청해 차에 대해 배웠고, 언제 올지 모르는 학부모들의 항의전화에 대비해 항상 전 학생들의 노선이 들어있는 두툼한 파일을 끼고 다녔다.

불미스러운 사건은 꼬리를 물고 일어났고, 날이 갈수록 교장선생님의 기도 내용은 늘어만 갔다. 하나의 사건이 해결되면 곧 다른 문제가 터져, 항상 "산 너머 산이구나" 하며 한숨을 내쉬는 나날이었지만, 늘 하나님이 함께 계심을 믿었기에 담담한 마음으로 버텨낼 수 있었다.

그리고 여러 일들이 체계가 잡힌 후에는 시내를 달리는 커다란 45인승 버스를 보면 항상 마음속으로 크게 소리친다. "얘들아~ 공부 열심히 하거라! 기사님~ 안전하게 잘 부탁해요!"

한 해가 지나자 나는 운영위원이 되어 더 많은 시간을 학교에서 보내게 되었다. 남들 보기에는 별 것 아닌 것 같은 스쿨버스 어머니 회장을 하면서도 온갖 마음고생을 했는데, 운영위원까지 하려니 마음이 무거워졌다. 그래도 하나님의 부르심으로 알고 나는 개교 3년을 맞은, 할 일이 많은 학교의 운영위원이 되었다. 그러나 선생님들뿐만 아니라 여러 학부모와 운영위원이 합심하여 열심히 하는 모습을 보고 이 학교가 하나님께서 사랑하시는 학교요, 하나님이 역사하시는 학교임을 알게 되었다.

그리고 다음 해, 하나님께서는 가장 낮고 부족한 사람을 사용하신다더니 이번엔 운영위원장이라는 무거운 타이틀을 짊어지게 되었다. 그

런데 4기 학생이 입학한 그 해에 입시방향이 바뀌어 여러 사람들이 특목고 진학을 불안한 시선으로 보았고, 학부모들도 한층 예민한 반응을 보였다. 나중에 듣고 보니 주변의 반응이 얼마나 매서웠는지, 2기 학생들은 "우리가 잘 해서 좋은 대학에 진학해야 학교가 망하지 않는다"며 더욱 열심히 공부했다고 한다.

나는 2기 학생들이 수능시험을 치르던 날, 교장선생님께서 새벽부터 각 시험장을 순회하신 뒤 학교에 돌아와 여러 선생님들과 함께 눈물을 흘리며 간절하게 기도를 드린 것을 안다.

고양외고의 기도실에서는 여러 어머니들과 선생님들, 학생들의 끊이지 않는 기도가 이어졌고, 모두의 열성 덕분에 학교는 빠르게 자리가 잡혀갔다.

2007년 3월의 입학식, 이제는 교가를 큰소리로 따라 부를 정도로 학교에 익숙해져 마치 내가 고양외고의 학생이 된 듯한 기분이다. 하나님은 내게 고양외고 1기 학생부터 6기 학생까지 보게 되는 크나큰 선물을 주셨다.

나는 여러 선생님들의 정열과 학생들의 젊은 땀이 어우러져 이런 성과를 내기까지, 고양외고의 교장인 강성화 선생님이 얼마나 큰 노력을 기울였는지 가까이에서 지켜봐왔다. 그런데 그동안 고양외고에 하나님이 역사하신 일들과, 학생과 학부모, 교사들이 겪었던 고양외고를 하나의 책으로 묶어 내 더 많은 사람들에게 고양외고에 일어난 기적을 전파한다고 하니, 강성화 교장선생님은 참으로 쉬지 않고 일하시는 분이다. 이런 선생님이 교장 직위를 맡고 있는 한, 고양외고의 앞날은 탄탄대로일 것이다.

  많은 학생들이 이 책을 읽고 미래의 지도자가 되는 꿈을 키울 수 있기를 바라며, 오늘도 학업에 정진하며 구슬땀을 흘리고 있을 고양외고의 학생들에게 "파이팅!"을 외쳐 본다.

2007년 4월에
전 학부모 운영위원장 김 영 희

Contents

머리말 4
추천사 6

● 꿈은 이루어진다 15

Change  벽제고에서 고양외고로의 도약

열린음악회로 뭉친 벽제중·고교 20
벽제에 부는 변화의 바람 26
평준화, 위기를 기회로 32
두 개의 꿈 39
마침내 인가가 승인되다 43

Contents

Structure
02 건물 하나하나 담긴 사연

강당과 기숙사	48
급식실은 전원주택처럼	54
예산 확보의 나날들	63
사랑과 인내의 기숙사	73
고양외고의 쌍둥이 빌딩 준공	79
건물뿐 아니라 자연도 필요하다	91
외판원 강교장의 인내	95

Teacher
03 인재를 키울 인재를 찾아서

매년 4개월은 교사발굴중	106
원어민 교사를 찾아라	114
고인 물을 흐르게 하다	118
부모님은 최고의 선생님	128
헌신하는 교사들	134

Student

세븐 일레븐에 담긴 학생들의 땀방울

7-11 시스템	140
고양외고는 공부벌레를 만들지 않는다	145
개성이 넘치는 학생들	150
남을 도울 줄 아는 사람이 되어라	155
세계로 나아가는 학생들	164
눈물의 졸업식	167

Advance

약진하는 고양외고

새로운 도전, 학급증설	174
한 알의 밀알이 황금빛 밀밭으로	182
학교의 실적을 만드는 뛰어난 아이들	190
파도에 맞서 나아감과 같이	196

● 주의 용사를 키우는 꿈   202

부록_ 고양외고 정보

꿈은 이루어진다

해마다 신입생을 모집하면 나는 그 신입생들을 위한 팀명을 짓는다.

2002년에 입학한 고양외고 첫해의 신입생들은 꿈을 키우고 꿈을 꾸는 드림팀이다. 2003년 신입생들은 미러클팀으로 기적을 만드는 팀이다. 2004년 신입생들은 수퍼파워팀, 고양외고의 전설을 만드는 팀이다.

나는 날마다 고양외고의 학생들을 통해 새 역사의 물결이 이루어지기를 바라고, 이 나라와 민족의 성숙한 지도자가 되기를 바란다.

그 바람에 응답하듯, 고양외고의 학생들은 놀라운 진학성적을 보여주고 있다. 올해 졸업한 고양외고 3기 수퍼파워팀은 **서울대 9명, 연세대 84명, 고려대 64명, 의·치대·한의대 49명, 카이스트 16명** 등 국내는 물론 미국과 일본의 명문 대학으로 뻗어나갔다. 3기생으로는 믿을 수 없는 실력을 냈지만, 나는 이 결과가 우연히, 또는 운이 좋아서 일어난 일이 아닌 것을 알고 있다. 모든 것은 학생들이 흘린 땀방울과 열성을 다해 교육하는 교직원, 하나님의 은혜로 인한 기적이다.

고양외고는 하나님을 사랑하고 나라와 민족을 사랑하는 미래의 지도자들을 육성하기 위해 설립되었다.

꿈은 이루어진다

- 실력과 영성을 겸비한 지도자
- 피곤할 때마다 하나님께 새 힘을 받으며, 지름길보다는 정도로 걷기 위해 실력을 쌓아가는 지도자
- 자신의 능력과 지위와 권위로 소외된 사람을 돌볼 줄 아는 부드럽고도 강한 지도자
- 자신과의 싸움에서 이길 수 있는 지도자
- 항상 열린 자세로 남에게 배울 수 있는 지도자

이러한 지도자들을 배출하려고 세워진 학교가 고양외국어고등학교이다. 따라서 나는 학생들이 고양외고에서 학창시절을 시작하기 전에 한국리더쉽센터에서 주관하는 리더쉽 수련회에 참가시킨다.

2006년부터 시작된 이 훈련은 성공하는 지도자들이 갖는 7가지 습관에 대한 것이다. 학생들이 성공적인 삶을 살아가기 위해서는 스스로 목표를 세우고 자신에게 부족한 것을 보충할 줄 알아야 한다. 나는 여러 학생들이 이 연수를 통해 새로운 시작을 준비할 수 있는 능력을 얻게 되기를 바란다.

고양외고는 기도하는 학교이다. 아침 7시에 학생들이 스쿨버스로 학교에 들어오면 6군데의 식당에서 아침 식사를 한다. 그런데 식사하기에 앞서 국제관 강당에서 열리는 기도회에 참석하는 학생들이 늘고 있다. 아침 식사를 위해 친구들이 줄을 서는 것도 아랑곳하지 않고, 7시부터 강당에서 열리는 기도회에 참석한 후에 아침 식사를 하는 것이다. 학생들과 더불어 교사들도 기도한다. 나는 여러 선생님들과 함께 매일 아침 7:30분에

교사 기도회 겸 직원회를 하며 하루를 시작한다. 각 학급에서도 아침 시간을 시작하기 전인 8시부터 찬양소리가 울려 퍼지고, 3학년은 전 학급이 모두 아침을 깨우는 찬양을 힘차게 부르며 하루를 시작한다.

학생들의 신앙에는 어른들에게는 찾기 힘든 순수함과 간절함이 있다. 믿음의 힘을 체험한 학생들은 자신의 힘과 노력만으로는 부족하다는 것을 깨닫게 되는 것 같다.

찬양과 기도, 최선의 노력이라는 세 가지는 고양외고의 학생들과 교사들에게 찾을 수 있는 공통점이며, 이것이 고양외고의 꿈과 비전을 이루어가는 원동력이다. 학생들이 3년을 이곳에서 지내면서 고양외고인다운 품성과 인격, 그리고 실력을 갖추는 것을 지켜보며, 나는 꿈을 담은 교육의 힘을 강하게 느낀다.

나는 인복이 많은 사람이라는 말을 많이 듣는데, 인복 뿐 아니라 하나님으로부터 많은 은혜를 받은 사람이기도 하다. 1500여 명이나 되는 고양외고의 아이들이 매일같이 "교장선생님 안녕하세요?" 하고 인사를 하니, 나와 같이 복된 자녀를 많이 둔 부모가 세상에 또 어디 있을까.

고양외고는 이제 막 시작하는, 젊고 활기가 넘치며 평화가 깃든 학교이다. 나는 조용한 주일 아침에 종종 학교를 산책하곤 한다. 병풍처럼 학교를 둘러싼 장령산의 기운과, 그 속에 숨어있는 맑고 청아한 새소리, 철따라 바뀌는 풍경까지도 모두 고양외고의 학생들을 위해 존재한다는 느낌이 든다. 부드러운 자연과 열성적인 교직원들 품에서 고양외고 학생들의 우정과 꿈은 하루가 다르게 자라나고, 나는 오늘도 이 학생들이 세계 곳곳에서 한국의 이름을 빛내는 아이들이 되기를 기도해본다.

보라 내가 새 일을 행하리니 이제 나타낼 것이라
너희가 그것을 알지 못하겠느냐
정녕히 내가 광야에 길과 사막에 강을 내리니
장차 들짐승 곧 시랑과 및 타조도 나를 존경할 것은
내가 광야에 물들을, 사막에 강들을 내어 내 백성, 나의 택한 자로 마시게 할 것임이라
이 백성은 내가 나를 위하여 지었나니 나의 찬송을 부르게 하려 함이니라
이사야 43 : 19 - 21

Change 01
벽제고에서 고양외고로의 도약

Change *01*

이 학교는 하나님께서 나에게 주신 선교지이다. 나와 여러 선생님들은 이곳의 학생들을 하나님과 주님께 인도해야 한다. 또한 이 학교는 주님의 도움으로 힘차게 도약할 것이며, 이 학교에서 일어나는 일을 통해 모든 사람들이 주님께서 함께하심을 알게 되리라.

열린 음악회로 뭉친 벽제중 · 고교

나는 고린도전서에 있는 "그러나 하나님께서 세상의 미련한 것들을 택하사 지혜 있는 자들을 부끄럽게 하려 하시고 세상의 약한 것들을 택하사 강한 것들을 부끄럽게 하려 하시며"(고전 1:27)라는 말씀을 아주 좋아한다.

1998년 5월, 벽제중학교와 벽제고등학교 교장으로 임명받으며 나는 다시 이 구절을 떠올렸다.

화장터밖에 떠오르지 않는 벽제. 그러나 나는 13년간의 미국생활을 정리하고 귀국하면서 미약한 벽제중 · 고가 하나님의 큰 뜻을 위해 사용되기를 간절히 기도했다.

부임 당시 벽제중학교는 1학년 4학급, 2학년 4학급, 3학년 3학급의 총 11학급으로 이루어져 있었고, 교육환경 개선을 위한 환특사업을 통해 1년 전 3층짜리 건물을 새로 지은 상태였다. 벽제고등학교는 1학년 3학급, 2학년 3학급, 3학년 2학급의 총 8학급으로, 건물이라고는 벽제중학교 옆의 자그마한 3층짜리 교사가 전부였다.

초라한 학교의 모습은 내게 실망보다는 의욕을 안겨주었고, 마음속에는 '이 학교는 하나님께서 나에게 주신 선교지이다. 나와 여러 선생님들은 이곳의 학생들을 하나님과 주님께 인도해야 한다.'는 생각이 굳게 자리잡았다.

또한 이 학교는 주님의 도움으로 힘차게 도약할 것이며, 이 학교에서 일어나는 일을 통해 모든 사람들이 주님께서 함께하심을 알게 되리라.

그러나 우선은 사람이 할 노력을 다 하고 하나님의 도우심을 바랄 일이라고 결심한 후 나는 즉시 내 능력으로 할 수 있는 일을 찾기 시작했다.

넓은 교내는 중학교 교사 신축 후 정리가 끝나지 않아 어수선했다. 학교 운동장 한편에는 중학교를 지을 때 사용하던 제법 큰 건축현장사무소가 여전히 버티고 있었고, 학교 뒤의 산은 너무 가까이 있어 장마철마다 토사가 고등학교 건물까지 흘러나온다는 보고를 받았다.

벽제중·고의 부지는 1만 평이 넘어 일반 학교의 법적 부지보다 훨씬 넓었다. 그러나 구슬이 서 말이라도 꿰어야 보배라는 말이 있듯이, 넓은 부지도 제대로 활용하지 못하면 의미 없는 빈 땅으로 남을 뿐이다.

나는 우선 벽제중·고의 재단인 지선학원에 운동장 정비와 뒷산 축대 건축을 요청했다. 한창 성장기에 있는 청소년들이 농구를 즐겨 하는 것을 감안하여 6개의 농구대도 새로 설치했다. 농구장은 비가 와서 질척

거리는 것을 방지하기 위해 지면을 다른 곳보다 약간 높게 하였다.

또한 학교 정문에서 운동장을 가로지르지 않고 교실에 들어갈 수 있도록 운동장을 끼고 도는 순환도로를 만들었다. 순환도로는 학교 정면뿐 아니라 후면으로도 지나가도록 하여 벽제중·고의 뒷면을 지나 다시 정문으로 이어지도록 하였다. 순환도로 옆에는 지역 주민과 학생들을 위해 자연학습장을 만들어 자생화단지, 손바닥정원, 작은 동물원 등으로 꾸몄다.

매년 골치를 썩이던 토사 문제는 큰 정원석들로 이루어진 축대가 막아주게 되고, 빗물은 물길을 따라 순환도로변의 오수정화조로 흘러가게 되었다.

환경 재정비의 막바지에 다다르자 멀쩡히 서있는 건축현장사무소가 눈에 들어왔다. 저 건물을 다시 활용할 수 있는 방법이 없을까?

나는 문득 아이들의 도시락에 생각이 미쳤다. 십년이면 강산이 변한다고 하지만, 13년의 미국생활을 마치고 돌아온 학교는 여전했다. 벽제중·고가 낙후된 지역에 있어서일까. 이 지역의 교육 현실은 내가 학교에 다닐 때와 별반 달라진 것이 없어 보였다. 교과서며 시험지, 책가방에 도시락까지도.

한창 자랄 학생들이 조그만 사각 도시락 하나로 하루를 버틴다는 것은 어림도 없는 일이고, 배가 고픈데 공부라고 제대로 될 리가 없다. 이 작은 학교에서도 매점은 쉬는 시간마다 배고픈 아이들로 북적거리고 있으니, 차라리 학교 내에서 급식을 실시하면 어떨까. 건축현장사무소는 비록 가건물이지만 그곳을 급식실로 이용하면 급한 대로 아이들의 허기는 채울 수 있을 것 같았다.

사무소 내에 식탁과 의자를 놓고 중간에 벽을 세워 주방과 급식실을 분리한 후, 급식을 맡아 제공할 업체를 찾았다. 다행히 좋은 급식업체가 선정되어 고등학교에서는 급식을 시작할 수 있게 되었다.

부임 직후부터 시작한 환경 재정비 공사지만, 언젠가는 마무리를 해야 했다. 나는 모든 환경이 정비되는 날을 7월 16일로 정하고, 지역 주민이 참여하는 열린 음악회를 개최하기로 마음먹었다. 학교의 변화를 알려 벽제라는 지역에 새로운 바람을 일으키고, 지역 주민과 함께하는 학교로 거듭나고 싶다는 결심 때문이었다.

이제까지의 벽제중·고는 지역 주민들로부터 외면을 당하는 학교였다. 1970년에 지선학원이 설립되고 이듬해 지선중학교(현 벽제중학교)로 개교했지만, 벽제의 주민들은 30년이 되어가는 지역의 학교를 믿지 않았다. 자녀가 초등학교 4학년만 되어도 버스로 20~30분 거리에 있는 서울특별시 은평구의 학교로 전학시키기 일쑤였고, 벽제중·고는 자연히 부모가 뒷바라지하기 힘든 학생들이 단지 가깝다는 이유 때문에 다니는 학교가 되어 있었다. 게다가 이런 관행이 오래 지속되다 보니 교사들마저 타성에 젖어 교육에 대한 열의가 식은 채로 학생들을 대하고 있는 처지였다.

나는 열린 음악회라는 행사를 통해 대외적으로 학교의 변화를 알리고, 벽제중·고에 대한 이제까지의 인식을 모두 걷어내고 싶었던 것이다.

그러나 미국에서 오랜 세월을 보내고 온 내가 까맣게 잊은 것이 있었으니, 한국의 7월은 집중호우와 장마의 계절이라는 사실이었.

아니나 다를까, 7월에 들어서자 비를 알리는 뉴스가 연일 계속됐다.

시간은 계속 흘러 행사의 날은 다가오는데, 비를 피할 시설이라고는 하나도 없는 학교 운동장 한복판에 의자를 놓고 음악회를 열어야 하는 교장의 심정이란.

그러나 내게는 온전히 믿고 절실히 기도하면 무엇이든 이루어주시는 주님이 있다. 지금 할 수 있는 것은 기도뿐이었다. 7월 16일 하루는 부디 비를 멈추게 해달라고 간절히 기도할 따름이었다. 그러나 7월 16일에도 비는 여전히 주룩주룩 내리고 있었고, 아침부터 무릎을 꿇고 기도를 올렸지만 달리 뾰족한 방도가 있었던 것도 아니다.

무거운 마음으로 교장실에 들어서니 교감을 비롯해서 교무부장, 행정실장 등의 교직원들이 모두 내 입에서 떨어지는 지시와 계획을 기다리고 있었다. 나는 그래도 아직 시간은 있으니 점심때까지 기다려보자고 말하며, 최악의 사태를 대비해 천막 몇 개라도 설치하자고 했다. 그러나 비에 대한 대비가 전혀 없는 상태에서 갑자기 천막을 찾으려니 그나마도 눈에 띄지 않았다.

그런데 이상하게도 나는 불안한 마음이 들지 않았다. 점심시간이 지나 결단의 시간이 다가오자, 나는 간절히 하나님의 인도하심을 구했다. 그러자 마음속 깊은 곳에서 "천막 없이 그냥 진행하라"는 음성이 들림과 동시에, 지금까지 나와 함께하셨던 주님이 나를 도우시리라는 강한 확신이 들었다.

나는 오후 2시경, 기도를 마치고 일어나 교감과 교무부장, 행정실장을 불러 행사장에 천막을 치지 말라고 전달했다. 그리고 행사 후 정원에서 내빈들과 식사를 해야 하니 그곳에만 몇 개의 천막을 칠 것을 지시하고, 마지막에 "하나님이 도와주실 것입니다"라는 말을 덧붙였다.

벽제중·고를 재정비하고 처음으로 맞이하는 대외적인 행사였다. 시장님을 비롯하여 학교법인 관계자들, 여러 학부모님들과 지역 주민들을 모시는 중요한 자리를, 바야흐로 비가 쏟아지는 운동장 한가운데에서 변변한 대비도 없이 진행하게 된 것이다. 무모하기까지 한 모험이었다. 그러나 나는 하늘의 아버지께서 도우실 것이라는 강한 믿음을 바탕으로 행사를 강행했다.

지시를 받은 전 교직원들은 부지런히 움직여 정원에 천막을 치고 운동장으로 의자를 옮겼다. 그런데 그 즈음부터 비가 조금씩 줄더니 멈추는 것이 아닌가. 비록 비는 그쳤지만 땅은 질퍽해져 물이 많이 고인 곳에는 모래를 뿌리면서 식장 준비에 박차를 가했다.

열린 음악회가 열리는 6시가 다가올 무렵, 비는 말끔히 개었고 내빈들이 차례차례 당도하여 앞좌석부터 자리가 채워지기 시작했다. 마음속으로 주님께 감사를 외치며 단상에 올라 인사말을 하는데, 서쪽 하늘에서 한 줄기의 강한 햇살이 운동장 전체를 환하게 비추었다.

열린 음악회에는 고양시 시장님을 비롯한 많은 내빈들이 참석하여 자리를 빛내주셨고, 달라진 벽제중·고를 지역 주민에게 알리는 뜻 깊은 행사가 되었다. 이를 계기로 학교의 환경 정리는 일단락되었고, 부족한 나를 믿고 따라준 교직원들과도 조금은 가까워진 기분이 들었다. 그러나 무엇보다 소중했던 것은, 열린 음악회의 성공적인 마무리를 통해 하나님의 돌보심이 나와 함께 있으리라는 굳건한 확신을 얻을 수 있었다는 것이다.

Change 02

벽제중학교는 놀랍게 발전했고, 해마다 신입생이 늘어나 양적으로 빠르게 성장했다. 나는 이 모든 변화가 지식의 교육뿐만 아니라 영적인 교육에서도 이루어지도록 기도하는 것을 잊지 않았다.

벽제에 부는 변화의 바람

그해 여름방학을 맞아 나는 벽제중학교와 고등학교에는 다른 학교와 차별화시킬 수 있는 전략이 필요하다는 생각을 하게 되었다. 마침 교육청에서 학교 시설을 이용한 평생교육을 장려하는 공문이 내려왔고, 나는 이 기회에 평생교육을 통해 지역사회에 이바지해야겠다는 결심을 굳혔다.

학교 교장이 왜 지역사회를 위한 평생교육에 관심을 갖느냐고 묻는 사람도 있을 것이다. 그러나 평생교육의 대상이 되는 주민들은 곧 우리 학교의 학부모이기도 하다. 따라서 이들을 교육하고 지원하는 것은 우리 학교의 발전과도 연관이 되는 일이다.

우선 평생교육에 사용할 수 있는 학교 기물과 건물을 물색하다 보니 의외로 쓸만한 장소들이 눈에 들어왔다. 컴퓨터실이나 가사실을 이용하면 컴퓨터 강좌를 열거나 요리 강좌를 할 수 있고, 현재 학교에서 사용하지 않는 도로변의 2층짜리 건물도 정리하여 지역사회를 위한 전용 공간으로 사용할 수 있도록 학교법인에 건의하였다. 이 건물에는 네 개의 교실이 있었는데, 1층은 벽제 지역의 초등학생들을 위한 어린이 도서관으로, 2층은 문화교실 겸 전시실로 정비하였다.

2층짜리 낡은 건물을 재정비하면서 보니, 건물 앞의 공터가 잡초만 무성한 채 방치되어 있었다. 당시 학교에는 다목적으로 사용할 수 있는 작은 강당조차 없었기 때문에, 이 공터를 이용해 100여 명을 수용할 수 있는 다목적실 겸 전시실도 만들었다.

방학이 끝나고 2학기가 시작되어 학교에서 벌어질 평생교육 강좌들을 홍보했다. 70여 명이 등록을 신청하였고, 이렇게 벽제 평생교육원 1기가 출발하게 되었다.

벽제중·고에서 시작된 변화의 바람은 의외의 결과로 돌아오게 되었다. 인근 초등학교에서 1999년도 신입생 수용계획을 위해 예비조사를 해보니 벽제중학교의 신입생 예정자가 5학급 규모로 나타난 것이다. 벽제중학교의 신입생이 그간 4학급을 넘지 못했던 것을 생각하면 대단한 발전이었다.

지역에 있는 두 개의 초등학교는 벽제중학교로 자동 배정이 되기 때문에 그동안 벽제중학교의 학생 수는 늘 일정한 수준이었는데, 중학교를 선택 지원할 수 있는 K초등학교에서의 벽제중 지원이 늘어난 것이 변수로 작용했다.

　K초등학교는 중학교 배정시 K중학교와 벽제중학교 중에서 고를 수가 있다. K중학교는 공립학교인 데다 벽제중학교에 비해 역사도 오래되었기 때문에 K초등학교의 학생들은 대부분 K중학교로 진학을 했고, 벽제중학교로는 소수만이 진학할 뿐이었다. 그런데 이번에 K초등학교에서 실시한 신입생 예비조사에서는 K중학교보다 벽제중학교에 더 많은 수가 지원한 것이었다.

　1999년에 신입생을 배정받고 보니 예상했던 대로 5학급이 되었고, 같은 해에 실시한 2000년도 신입생 수용을 위한 예비조사에서는 신입생 예상인원이 7학급까지 늘어났다.

　학교의 인지도가 높아지고 신입생이 늘어나는 것은 환영할 일이지만, 학생이 늘어나면 건물도 늘려야 했다. 마음 같아서는 새 건물을 짓고 싶었으나 언제나처럼 예산이 발목을 잡았다. 당장은 새로 건물을 짓는 것보다 기존 건물에 증축을 하는 것이 나을 듯 했다. 행정실장을 불러 97년도에 지은 3층짜리 중학교 교사의 증축 가능성을 물었다. 다행히 이 건물은 기초공사가 튼튼하게 되어 있어 5층까지도 증축할 수 있다고 한다.

　나는 부족한 교실을 짓기 위해 고양시 교육청으로부터 예산을 배정받았다. 때마침 학교 급식의 정착이 교육청의 역점사업으로 지정돼, 도교육청으로부터 급식실 건축 예산도 배정받을 수 있었다. 그러나 막상 예산이 마련되는 것이 눈에 보이니 자꾸 욕심이 생긴다. 차라리 새로 건물을 짓는 것이 낫지 않을까?

　결국 나는 재단 설립자님을 찾아갔다. 학급증설 명목으로 받은 예산과 급식실 명목으로 받은 예산을 무기로 삼아, 새 건물을 지을 수 있도록 요청하기 위해서이다. 새 건물을 세우는 일은 이미 배정받은 예산으로는 엄두를 낼 수 없는 규모였기에 반드시 설립자님의 도움이 필요했다.

나는 내심 새 건물이 들어설 자리까지 정해놓고 설립자님을 만나 떼를 쓰다시피 하여 공사 허락을 받아냈다. 중학교와 고등학교 사이에 있던 공중 화장실을 헐고, 중학교 건물에 붙여 새 건물을 짓기로 결정한 것이다. 새로 지어질 건물의 이름은 우리 학교의 교훈인 믿음·소망·사랑을 상징하는 신망애관(信望愛館)으로 붙였다. 이렇게 하여 2000년 가을부터 5년에 걸친 중학교 건물의 증축과 신망애관의 건축이 시작되었다.

신망애관을 벽제중학교에 붙여 지은 것은 급식을 효율적으로 운영하기 위한 방책이었다. 앞에서도 말했듯이 우리 학교는 건축현장사무소의 가건물을 이용해 급식을 실시하고 있었다. 다행히도 이번 교육청의 급식실 예산 지원으로 간신히 가건물 신세를 면하고 고등학교는 정식으로 급식실을 지을 수 있었다. 그런데 신망애관을 벽제중학교에 붙여 지음으로써, 고등학교의 급식을 중학교에까지 전달할 수 있게 된 것이다.

하나님의 도우심으로 벽제중학교는 놀랍게 발전했고, 해마다 신입생이 늘어나 양적으로 빠르게 성장했다. 나는 매년 새로운 교실과 교사를 찾으며 정신없는 나날을 보내는 와중에도, 이 모든 변화가 지식의 교육뿐만 아니라 영적인 교육에서도 이루어지도록 기도하는 것을 잊지 않았다.

그런데 2002년 겨울에 실시한 중학교 신입생 예비조사에서 뜻밖의 상황을 마주치게 되었다. 신입생 배정자 중에 신체장애자가 있다는 것이다.

  우리 학교는 특수학교도 아니고 특수학급도 없어 장애인을 위한 시설이 되어 있지 않다. 아무런 준비도 없이 휠체어를 타야 하는 학생을 받을 수는 없는 일이다.

  고민 끝에 특수학급이 있는 K중학교로의 진학을 권고하라는 뜻을 전했는데, 이 학생은 굳이 벽제중학교를 고집했다. 사연을 들어보니 같은 동네의 친구들이 대부분 벽제중학교로 진학이 결정된 상태였고, 이 학생의 부모님은 아이가 병이 깊어 언제 하느님의 부르심을 받을지 모르기 때문에 원하는 것은 모두 해주고 싶다는 것이었다.

  나는 마음이 흔들려 그 학생을 받기로 결정했지만 곧 고민에 빠졌다. 1학년 때는 1층에 있는 학급에 넣을 수 있지만 2, 3학년이 되면 어떻게 될지 알 수 없고, 미술실이나 음악실 등 특별실로의 이동경로가 떠오르지 않았다. 방법은 하나, 예산 지원을 요청해 장애학생을 위한 시설을 마련하는 것뿐이었다.

  고양시청 기획관리실을 방문해 사정을 알리고 엘리베이터 공사를 할 수 있도록 예산 보조를 요청했다. 실장님과 대화를 하면서도 나는 마음속으로 우리 학교를 찾은 귀한 아이를 위해 기도를 올리고 있었다.

  실장님은 이미 시의 예산 배정이 끝났다고 하시면서도 예산담당관에게 전화를 걸어 어떻게든 예산을 마련하라고 지시를 했다. 그렇게 해서 마련된 예산이 비록 충분하지는 않았지만 실장님과 하나님께는 감사한 마음뿐이었다. 특히 하나님께서 나의 간구를 외면하지 않으신다는 것 하나만으로도 벽제중학교에는 이미 천군만마보다 더한 지원군이 생긴 셈이다. 덕분에 나는 그 학생에게 올해만 잘 견디면 내년에는 꼭 엘리베이터에 태워주겠다는 약속을 할 수 있었다.

  2003년 가을에는 엘리베이터 건축이 시작되었고 2004년에는 중학교 건물이 5층으로 증축되었다. 모든 공사가 완공되어 새 학기를 맞이하는데 뜻밖의 난관에 부딪쳤다. 급식 문제였다. 벽제중학교 건물과 신망애관은 모두 4층이었기 때문에 신망애관에 설치된 덤웨이터를 통해 중학교에도 급식을 제공할 수 있었다. 그러나 신망애관에서는 중학교 건물 5층으로 갈 수가 없었기 때문에, 5층에는 급식을 전달할 길이 막힌 것이다.

  나는 순간적으로 완공된 엘리베이터를 떠올렸다. 5층에 있는 학급에는 본관의 엘리베이터를 이용해 직접 급식을 운반할 수 있구나!

  가슴이 두근거렸다. 하나님께서 부족한 나에게 장애학생을 보내 고민하게 한 것도 모두 그분의 계획 아래 이루어진 것이라는 생각이 머리를 스쳤다. 엘리베이터를 만들게 하시고, 그 덕분에 5층의 학생들에게도 아무런 문제없이 급식이 이루어지도록 하시기 위함이었던가.

Change 03

하나님이 이스라엘 백성을 광야로 몰아냈듯이, 나를 벽제중·고에 안주하게 하지 않고 더 나은 곳으로 이끄시려 하고 있다.

평준화, 위기를 기회로

　　　　　　　　　벽제중학교에는 여러 모로 기적과 같은 일들이 계속 일어나고 있었으나, 벽제고등학교는 이렇다 할 실적이 없었다.

　고양시는 비평준화 지역이라 고등학교의 경우 백석고등학교가 명문이고, 그 다음은 백신고등학교 등으로 순위가 매겨져 있는 상태였다. 벽제고등학교는 불명예스럽게도 고양시에서 최하위권 고등학교로 분류되어 있었고, 학생들의 대입 성적도 형편없는 수준이었다.

　고등학교의 수준이라는 것이 학생들의 대학 입학 성적으로 결정되기 마련이므로, 벽제고가 명문 고등학교로 거듭나기 위해서는 중학교에서 우수한 성적을 낸 학생이 벽제고등학교로 많이 진학을 해야 한다는 결론이 나온다.

그러나 중학교의 상위권 학생들은 3학년이 되면 대부분 일산이나 화정에 있는 고등학교로 진학을 했다. 벽제중의 경우도 마찬가지였다. 예전에는 상위권 학생들이 서울이나 의정부의 고등학교로 진학했으나, 일산 신도시와 화정 지구가 개발된 이후로는 신도시의 다른 학교로 진학하는 현상이 두드러졌다. 벽제중에서는 그나마 중상위권 학생들이 교사들의 간청에 못 이겨 벽제고등학교로 진학하는 형편이었고, 중위권 밑으로는 막연히 실업계는 가기 싫고 지역에 인문고가 있으니 벽제고등학교로 진학한다는 식이었다.

어떤 이유로 벽제고를 선택했든 자식들이 좋은 대학에 진학하기를 바라는 학부모들의 요구는 거세기만 했다. 벽제고에서 가시적인 성과를 올리기 위해서는 우수한 중학생들을 끌어오는 것이 급선무였기 때문에, 2000년도의 중학교 진학 상담에는 내가 직접 나섰을 정도였다. 학생과 학부모까지 소집하여 벽제고로의 진학을 종용했지만 돌아오는 것은 냉담한 반응뿐이었다. 각 고등학교의 대입 성적을 비교해보면 그 차이가 확연히 드러나는 것이니, 내가 직접 나선다고 어떻게 해볼 수 있는 일은 아니었던 셈이다.

그래도 실망하기엔 이르다고 여겨 교사들을 독려하며 벽제고의 성적을 끌어올리기 위해 노력하고 있던 때, 심상치 않은 소식이 들려왔다. 고양시를 비롯한 경기도의 몇몇 시에서 고교평준화에 대한 논의가 진행되기 시작한 것이다.

평준화에 대한 논의 자체는 새삼스러운 일이 아니었다. 몇 년 전부터 학부모들과 정치인들이 도교육청에 고양시의 고교평준화를 요구하고 있었으나, 점점 그 강도가 세져 2000년 가을부터는 평준화 실시를 위한 설문조사와 공청회가 열리는 등, 가시적인 움직임이 드러나기 시작했다.

평준화. 벽제고등학교 입장에서는 생존에 위협이 되는 상황이다.

벽제고등학교로 진학하는 학생들은 대부분 다른 고등학교로 진학하기에는 실력이 부족하거나, 통학거리가 가까운 학생들이다. 즉 특별히 지역을 아끼고 사랑하는 이상적인 마음을 가지고 벽제고로 진학하는 경우는 없다는 뜻이다.

이런 상황에서 평준화가 되면 학생 개인의 실력과는 별개로 명문고에 진학할 수 있다. 실력이 아니라 추첨을 통해 고교 진학이 결정된다면, 학생이나 학부모 입장에서는 당연히 명문고에 지원을 하게 된다. 원하는 고등학교를 지원한 후 컴퓨터로 추첨하는 '뺑뺑이'를 돌려 명문고에 진학할 수 있다면, 벽제고에 지원할 이유가 없게 된다.

통학거리가 가깝다는 것도 벽제고에 지원할 이유로는 부족하다. 고등학생쯤 되면 초등학교나 중학교와는 달리 통학거리가 큰 문제가 되지 않고, 도리어 한 지역에서 초·중 교육을 마친 경우 지겨워서라도 다른 지역으로 진학하려는 학생들이 있을 정도다.

평준화가 되면 결과적으로 벽제고에 지원하는 학생도 줄어들 뿐만 아니라, 추첨을 통해 벽제고로 배정된 학생들도 문제가 된다. 원치 않은 학교에 배정되었다는 불만을 지닌 채 가뜩이나 고된 3년의 고교생활을 어떻게 감당할 수 있겠는가.

혼자 고민하다 못해 나는 실태 파악에 나섰다. 내 머릿속에 그려진 것은 최악의 시나리오이고, 현실은 다를지도 모른다는 실낱같은 희망을 붙잡고 싶었다.

나는 벽제중학교 3학년의 4학급 학생들을 대상으로 "평준화가 되어 학교를 선택할 기회가 주어진다면, 벽제고등학교에 지원할 생각이 있는가"에 대해 설문조사를 했으나 결과는 비참했다. 4학급 총 160여 명 중 벽제고로 진학할 의사를 보인 학생은 40여 명, 즉 25%에 불과했다.

그러면 학생 정원 중 부족한 인원이 타 지역에 사는 학생들로 배정될 가능성이 높은데, 그것도 문제가 있다. 과연 학부모들이 이 외진 벽제고에 학생들을 순순히 보낼 것인가. 요즘 사람들은 손해 보는 것을 못 참는다. 집값이 떨어진다는 이유 때문에 온 지역 주민이 나서 특수시설이나 혐오시설 유치를 반대하는 것이 세태 아닌가. 만일 학부모들이 벽제고 배정을 거부하고 집단행동에 나서면 어떻게 대처해야 할지 난감한 일이다.

벌써부터 온갖 걱정을 떠안은 교장이나 풍전등화와 같은 벽제고의 운명과는 상관없이, 경기도 교육청은 평준화 제도를 채택하기 위한 절차를 하나하나 밟아나가고 있었다.

나는 어려움이 닥칠 때 늘 하던 것처럼 마음을 가다듬고 기도를 올렸다. 이럴 때는 자연스럽게 시편의 말씀들이 떠오르곤 한다. 특히 "내가 주를 의뢰하고 적군에 달리며 내 하나님을 의지하고 담을 뛰어 넘나이다"(시 18:29)라는 구절은 유학시절부터 어려운 일이 생기면 늘 의지했던 구절이다.

얼마나 시간이 흘렀을까. 마음속으로부터 벽제고등학교를 특수 목적

고등학교인 외국어고등학교로 전환하라는 음성이 들렸다.

벽제고를 특목고인 외고로 전환하라니. 가장 먼저 떠오른 것은 '불가능'이라는 세 글자였다. 건물, 교사, 지역 주민들의 인지도… 모든 측면에서 벽제고의 특목고 전환은 어림도 없는 일이었다.

벽제고등학교 건물은 1988년에 지은 낡고 초라한 건물이었다. 교사들은 비록 소신이 있고 헌신적인 분들이었지만, 다른 특수목적고의 교사 수준과는 비교하기 어려웠다. 특목고로 전환하기 위해서는 건물을 지을 예산도 필요했고, 학교 설립을 위한 절차도 밟아야 하며, 젊고 유능한 교사를 확보하는 것도 중요했다. 그러나 현재 벽제고는 그 어느 것도 갖추지 못한 상태가 아닌가.

모든 난관을 극복하고 외국어고등학교로 전환되었다고 해도, 가장 큰 문제는 지역 주민의 신뢰를 얻는 일이었다. 벽제고가 외고로 전환된다고 해서 지역 주민들의 인식이 하루아침에 바뀔 리는 없기 때문이다.

나는 낙심하여 고개를 저었다. 내가 할 수 있을까? 이것이 진정 하나님께서 내게 주신 생각일까?

나는 하나님 아버지가 아닌, 나의 아버지 강신경 목사님을 떠올렸다.

강목사님은 6·25가 터지고 1·4후퇴 때 맨주먹으로 북에서 남하하여 50여 년을 교육계에 몸담아 온 분이다. 교육, 선교, 봉사를 신념으로 삼아 11개의 학교를 세웠는데, 거기에는 중학교와 고등학교, 전문대학, 4년제 대학이 모두 포함되어 있다. 교육자이자 목사이기도 한 아버지는 평생을 동두천의 전쟁미망인과 고아들, 가난한 이웃을 돌보며 교육과 봉사를 몸소 실천하는 데 바쳤다. 개인의 재산이라고는 집 한채 뿐이었는데, 그 집은 수차례의 은행 대출을 위한 담보용이었을 따름이다.

나는 어렸을 때부터 이런 아버지를 줄곧 지켜보며 자랐다. 손에 쥔 것도 없이 7남매를 기르며 교육과 봉사에 전념하시는 아버지의 모습을 보며, 나는 아버지의 힘이 되지는 못할망정 부담을 주는 존재는 절대 되지 말아야 한다는 다짐을 수도 없이 했다.

그래서 나는 어려운 상황이 닥치면 첫째로 하나님 아버지에게 기도를 올리지만, 그 다음으로 칠십 평생을 목회자와 교육자로 살아온 아버지를 떠올린다. 그러면서 기대고 싶은 나약한 마음도 함께 든다.

그러나 모든 것이 학교법인으로 묶여 있는 아버지에게 특목고 전환을 위한 현실적인 도움을 바랄 수는 없는 일이다. 특목고 전환을 위해서는 이듬해까지 어림잡아 20억에 달하는 자금이 필요하다. 이런 일이 가능할 리가 없지 않은가.

결단을 내리지 못하고 계속 기도만 하고 있는데, 기도를 하면 할수록 외고로 전환해야만 벽제고가 살 수 있다는 느낌이 강하게 들었다. 하나님은 새 일을 계획하시고 그 회오리 속으로 나를 몰아가시며 결단과 믿음을 요구하고 계시는데, 큰일을 앞두고 주저하기만 해서는 안될 일이었다. 아버지께서 믿고 의지했던 그 하나님은 나의 하나님이기도 하고, 우리 아버지께 응답했던 그분은 나에게도 응답하실 것이다.

나는 결심을 굳혔으나 아무에게도 속내를 드러내지 않았다. 그런데 어찌된 일인지 평준화가 실시되면 벽제고가 특목고로 전환할 것이라는 소문이 고양시 전역에 돌기 시작했다. 여기에 한술 더 떠 벽제중·고의 교장이 미국에서 박사학위까지 받은 유능한 사람이라 반드시 해낼 것이라는 이야기까지 나오고 있다고 한다. 나는 사람들 사이에 도는 말이 참으로 무섭다는 생각을 하며 헛웃음을 지었다. 힘든 결정을 앞에 두고 마음고생을 하면서도 입 밖에는 내지 않았는데, 사람들은 남의 일이라고 쉽게들 말하는구나 싶어 서운하기도 했다.

그러던 어느 날 일산에 사는 올케에게 전화가 왔다. 며칠 전 미장원에 머리를 손질하러 갔다가 미장원 손님들이 하는 말을 들었다며, 벽제고를 정말 특목고로 전환할 생각이냐고 묻는 것이다. 나는 가족에게조차 아무 내색을 하지 않았는데, 그 생각이 어떻게 학교 담을 넘고 일산까지 흘러들어가 올케의 귀에 들어갔는지 참으로 신기했다.

나는 올케에게 이 일이 순조롭게 이루어질 수 있도록 기도해 달라고 부탁하며 전화를 끊었다. 하나님이 이스라엘 백성을 광야로 몰아냈듯이, 나를 벽제중·고에 안주하게 하지 않고 더 나은 곳으로 이끄시려 하고 있다. 하나님의 강한 음성이 들리는 것 같았다. "외국어고등학교로 전환하여 새롭게 시작하라. 하나님의 나라와 이 나라를 위한 지도자를 길러라. 실력과 영성을 갖춘 이 시대의 지도자, 21세기 국제화 시대를 이끌어 갈 주님의 일꾼을 육성하라."

주님의 음성은 내가 인간의 손으로 무엇을 이루려고 하기보다, 주님께 순종하고 맡기면 주님이 알아서 하실 것이라는 확신을 주었다.

고양시 전역으로 퍼진 소문은 나를 억지로라도 나아가게 하려는 하나님의 계획이시리라. 나는 모든 것을 주님께 맡기고 벽제고등학교를 외국어고등학교로 전환할 것을 굳게 결심했다. 그리고 공식적으로 외국어고등학교로 전환할 것을 밝혔으며, 교육청과도 협조하여 외국어고등학교로의 전환에 필요한 서류를 제출하고 승인을 기다렸다. 그러나 나는 곧 지역 주민들의 이해할 수 없는 반대에 부딪치게 되었다.

Change *04*

하나님이 나를 위하시면 누가 나를 대적하리요. 나는 벽제고를 외고로 전환할 것을 스스로에게 다시 한 번 다짐했다. 이제 돌이킬 수 없는 길이었다.

두 개의 꿈

2001년 7월의, 아주 무더운 밤이었다. 새벽 5시쯤 되었을까. 나는 피곤한 몸을 일으켜 세우고 꿇어앉아 기도하고 있었다. 그러나 나도 모르는 사이 잠에 빠져들었다.

꿈속에서 나와 남편은 주일 아침 예배에서 특송을 하려고 앞에 나왔다. 그런데 도착하기로 한 악보가 오지를 않아 초조하게 기다리고 있었다. 시간이 많이 지났는데도 악보는 오지 않아 할 수 없이 다른 찬송가라도 부르기로 하고 반주자와 상의했으나 그마저도 잘 되지 않았다. 나는 전전긍긍하다가 잠에서 깨어났다.

정신을 가다듬고 기도하는데 곧 다시 잠에 빠져들었다. 이번에는 노란색 굴삭기가 내가 탄 자동차의 옆구리를 텅텅 치고 있었다. 나는 운전석에 앉아 차가 받칠 때마다 중심을 잃고 휘청거리고 있었다. 굴삭기가 사라진 후 나는 차에서 나와 손상 정도를 점검했는데, 차는 긁힌 자리 하나 없이 멀쩡했다. 꿈이지만 참 신기하다고 생각하다가 잠이 깨었다.

짧은 새벽에, 그것도 2번이나 불안한 꿈을 꾸어 의아해하다가 정신이 퍼뜩 들어 성경을 읽고 여름 휴가를 지낸 후 첫 출근할 준비를 했다.

며칠의 휴가를 마치고 교장실에 들어서니 그동안 밀린 결재서류가 산더미같이 쌓여 있었다. 결재를 미루고 우선 그동안의 경과를 보고받기 위해 행정실장을 불렀는데, 실장님은 무언가 하고 싶은 말씀이 있는 것처럼 머뭇거리고 있었다.

행정실장직을 맡고 있는 박기홍 선생님은 내가 1998년 벽제중·고로 처음 부임했을 때부터 나와 함께 어려운 학교 살림을 경영해온 분이다. 몇 년을 함께 근무하다 보면 상대의 태도만 봐도 대충 할 말이 짐작이 되곤 했다. 누군들 좋지 않은 소식을 전하며 거침없는 태도를 보일 수 있겠냐마는, 박실장님은 내게 어려운 상황을 전달해야 할 때면 늘 머뭇거리곤 했다.

박실장님이 머뭇거리는 것을 보니 휴가를 다녀온 동안 무슨 일이 생긴 모양이다. 내가 "실장님, 무슨 하실 말씀 있으세요?"라고 묻자 박실장님은 말없이 양복주머니에서 접힌 종이를 꺼내주셨다. 3장의 종이를 펴서 읽어보니 거기에는 벽제중·고의 재단인 지선학원에 대한 악의적인 글들이 가득 들어차 있었다.

나는 분노와 충격으로 가슴이 내려앉는 것만 같았다. 떨리는 마음을 진정시키고 실장님에게 어떻게 된 일인지를 묻자, 일간지에 이 글들이 끼워져 내가 학교를 비운 주말동안 우리 학교 주변의 주민들에게 전달되었다고 한다.

나는 그때서야 두 차례에 걸친 불안한 꿈의 의미를 알 것 같았다. 내 차를 들이받고 있던 굴삭기는 내가 앞으로 겪을 어려움을 상징하는 것이었다. 그러나 내 차는 흠집 하나 생기지 않았고, 그 안에 타고 있던 나도 안전하게 보호받고 있었다. 어떤 어려움이 덮치더라도 하나님께서 나를 완벽하게 보호해주시리라. 나는 이 근거 없는 비난들과 맞서 반드시 이겨내리라고 다짐했다.

악보가 없어 난처해했던 꿈도 마찬가지였다. 악보는 다름 아닌 외국어고등학교로의 전환을 허가하는 인가 승인서라는 데 생각이 미쳤다.

몇달 전, 벽제고등학교에서 고양외국어고등학교로의 전환을 위해 교육청에 각종 서류를 제출했었다. 서류를 심사하는 과정에서 교육청은 지역 주민들의 반응에 귀를 기울이고 있었고, 이럴 때 벽제고의 외고 전환에 반발하는 움직임이 있으면 인가가 나지 않을 수도 있다. 인가가 나지 않은 상태에서는 내 뜻을 공개적으로 전달하기도 어려운데, 이럴 때 악의적인 선전물이 나돌면 이제까지 애써온 모든 것이 허사가 될 수도 있는 노릇이었다.

그러나 이런 식의 일방적인 비방은 억울한 일이었다. 가난한 시골 벽제읍, 지선학원은 이곳에 1971년 지선중학교를 세웠다. 지선중학교의 설립자인 이지선 이사장은 학생들과 누에도 기르고 벼도 심고 돼지도 기르면서 학교를 운영하려고 애썼지만, 학교 운영은 쉽게 풀리지 않았다.

생각해보면 벽제에 학교를 세운다는 것 자체가 무모한 일이었다. 벽제는 인구도 적은 데다, 조금 형편이 나은 집은 아예 서울이나 의정부로 이사를 가고, 학부모들도 벽제보다는 서울이나 의정부로 아이들을 통학시키는 경우가 많았다. 그러다 보니 벽제에 남는 학생들은 태반이 수업료조차 내기 어려운 형편이었고, 학교는 학년당 3학급 수준에서 벗어나지 못했다.

1983년에는 이지선 이사장의 뒤를 이어 내 아버지인 강신경 목사가 이 학교를 인수했다. 아버지도 재리에 어두운 것은 매한가지라 이 학교를 인수한 후에는 1988년에 고양군 최초의 인문계 고등학교인 벽제고등학교까지 설립하였다. 2학급으로 시작한 벽제고등학교는 내가 부임할 때까지도 1, 2, 3학년을 통틀어 8학급을 넘지 못했다.

일산 신도시가 생기면서 사정은 더 악화되었다. 지역 주민들은 일산과 화정 지구에 계획적으로 신설되는 공립학교에 아이들을 보내지 못해 아쉬워했고, 중학교까지는 벽제에서 다닌다 해도 고등학교는 신도시나 서울로 보내려는 학부모가 대부분이었다.

이런 상황에서 포기하지 않고 버텨낸 재단과 교사들이 대단하다고 생각될 따름이었다.

나는 손에 쥔 3장짜리 종이를 서랍에 넣고 조용히 기도했다. 하나님이 나를 위하시면 누가 나를 대적하리요. 나는 벽제고를 외고로 전환할 것을 스스로에게 다시 한 번 다짐했다. 이제 돌이킬 수 없는 길이었다.

Change 05

벽제고등학교는 이제 좁은 벽제를 벗어나 고양시 전역, 아니 전국 단위에서 신입생을 선발할 수 있는 고양외국어 고등학교로 탈바꿈했다.

마침내 인가가 승인되다

일간지에 끼워 돌려진 비난의 글은 시작에 불과했다. 다음 날 누군가가 내 책상 위에 올려놓은 고양시 지역신문에는 학교의 전환과 관련된 반 페이지짜리 기사가 실려 있었다. 거기에는 벽제고가 지역 주민들의 반발을 무시하고 외국어고등학교로 전환을 강행한다는 내용이 빽빽이 적혀 있었다. 답답한 마음에 나간 벽제 시내에는 굵은 글씨로 지선학원을 비난하는 현수막까지 군데군데 걸려 있었다.

이것이 그동안 대외적인 홍보 없이 묵묵히 고생만 한 대가라고 생각하니 억울하고 실망스러운 마음뿐이었다. 하필 방학기간이라 교사들도 얼마 없을 때 이런 일이 벌어지다니.

나는 분노에 차 하나님께 부르짖었다. '하나님, 하나님, 나의 하나님, 이 벽제에 나의 시간을 다해 성실과 노력을 쏟아 부었습니다. 이 작은 학교를 주님을 위한 큰 학교로 만들기 위해 용기를 내 일어섰습니다. 제가 이런 비판과 비난을 받아야 할 이유가 어디에 있습니까? 나와 우리 재단이 이렇게 나쁜 일을 하는 사람으로 세상에 알려지다니, 이 일을 누구에게 어떻게 호소해야 이 억울함이 풀어지겠습니까?'

밤새 답답한 마음을 기도로 달래고 출근하니 K신문사의 기자가 인터뷰를 하고 싶다고 연락이 왔다. 나는 지역 주민에게 벽제고의 외고 전환에 대한 오해를 풀 기회라고 생각하여 인터뷰에 응했다. 충분히 시간을 들여 외고로의 전환 배경과 상황, 앞으로의 계획들을 충분히 이야기했다고 생각했으나, 신문에 실린 내용을 보니 그렇지가 않았다.

신문은 이번에도 반 페이지 정도의 분량으로 벽제고의 전환과 관련된 이야기를 실었다. 그런데 편집된 모양새가 이상했다. 외고로의 전환을 반대하는 세력의 대표와 내 사진을 나란히 놓고 기사를 게재하여 마치 싸움을 붙이는 듯한 양상이었다. 지역 신문은 그 뒤로 마치 특종을 잡은 것처럼 매주 이런 식으로 기사를 내보냈다.

교육청에서는 불안한지 계속 전화가 왔다. 지역 주민들의 반응과 내 대처방안을 묻는 전화였다. 사태가 이렇게 되어도 인가에 대한 확신을 주지 않은 채 지역 주민의 반발을 해결하라고 독촉하는 교육청도 야속하기는 마찬가지였다. 그러나 나는 이런 상황에서도 교육청이 외고로의 전환을 승인해주어야만 일을 잘 처리할 수 있으니 어서 승인을 해달라고 강력히 요청했다.

여러 세력들이 혼란스럽게 자기주장을 펼치고 교육청으로부터의 인가는 소식이 없는 상태로 무더운 8월이 지나갔다.

나는 계속 기도하면서 외고로의 전환을 지지하는 교사와 학부모님들에게 인가가 떨어질 때까지 반대 세력에 일일이 대응하지 말 것을 부탁했다. 이는 자기의 뜻을 이루기 위해 다른 사람들을 선동하는 사람들과 같은 사람이 되고 싶지 않다는 나의 고집이기도 했다. 주변의 부정적인 시각 속에서도 불평 없이 묵묵하게 학교를 세우고 운영했던 재단처럼, 그리고 나의 아버지처럼, 내게도 그런 기질이 있었던 것이다.

대신 인가서가 나온 그 날에는 확실하게 행동하기로 결심했다. 나는 미리 "고양외국어고등학교의 인가 승인을 축하합니다", "21세기 글로벌 인재를 육성하는 고양외국어고등학교" 등의 문구가 쓰인 70여 개의 현수막을 제작해두었다. 이 현수막들은 인가가 승인되는 날, 고양시 전역에 휘날리게 될 것이었다. 그리고 교사들과 학부모님들에게 인가가 승인되는 날에 벽제고의 외고 전환 문제로 난장판이 되다시피 한 교육청과 지역 신문 홈페이지에 글을 올려 줄 것을 부탁했다. 기쁨과 감사를 전하되, 비난의 글은 절대 쓰지 말 것도 당부했다.

그리고 9월의 어느 날, 인가 승인서에 대한 교육청 공문이 전달되었다. 이와 동시에 고양시 전역에는 축하 현수막이 걸리고, 교육청과 신문사 홈페이지에는 축하의 말들이 가득 찼으며, 주요 언론사에서는 고양외고로의 인가 승인 내용을 보도해주었다.

벽제고등학교는 이제 좁은 벽제를 벗어나 고양시 전역, 아니 전국 단위에서 신입생을 선발할 수 있는 고양외국어고등학교로 탈바꿈했다. 이제 앞으로 나아갈 일만 남은 것이다.

평안을 너희에게 끼치노니 곧 나의 평안을 너희에게 주노라
내가 너희에게 주는 것은 세상이 주는 것 같지 아니하니라
너희는 마음에 근심도 말고 두려워하지도 말라.
요한복음 14 : 27

Structure 02
건물 하나하나 담긴 사연

Structure 01

고양외고의 기숙사는 학교와 먼 곳에 사는 학생들로 구성하면서, 전체 학생의 20% 미만으로 운영되고 있다.

강당과 기숙사

1998년, 처음 벽제중·고에 왔을 때 건축 현장사무소 옆에는 짓다 만 건물이 있었다. 바닥공사를 하고 뼈대만 세워져 있는 상태로 방치된 것인데, 원래 97년에 중학교 건물을 지으면서 강당으로 사용하기 위해 기초를 다진 것이라 한다. 그러나 IMF가 터지고 재단인 지선학원도 경제적 기반이 취약하여 공사가 중단되고 말았다.

언젠가는 저 건물을 완성해야겠다고 생각은 했지만 교실과 급식실을 만드는 것이 더 급하다 보니 방치된 건물에까지 신경쓸 겨를이 없었다. 그러나 벽제중·고를 재정비하고 장마철에 첫 행사인 열린 음악회를 치르고 나니 강당의 필요성이 더욱 절실해졌다.

특히나 학생들은 축제를 하자고 하고, 학부모들은 체육 특기로 태권도부를 육성하자는 요청을 했는데, 이런 일도 모두 다목적 강당이 있어야 가능한 일이다. 그러나 나는 건물이 없는 상태에서도 1999년부터 학교 축제인 석천제를 개최했고, 태권도부도 학교 육성종목으로 삼아 가을부터 실행에 들어갔다.

이런 일들을 진행하다 보니 강당의 필요성은 더욱 절실해졌다. 장마 기간이 되면 매일같이 비가 오고, 장마가 지나가면 태풍이나 집중호우가 뒤를 이었다. 게다가 벽제 지역은 바람도 심했다. 입학식은 3월이라 그나마 날씨가 풀리지만, 야외에서 졸업식을 치를 때는 추위와 바람에 모든 사람들이 덜덜 떨어야만 했다.

각종 학교 행사가 날씨 때문에 어려움을 겪을 때마다 짓다 만 강당으로 자꾸 눈길이 갔다. 강당 자리는 비록 몇 학급 정도의 규모에 불과했지만, 나는 학교가 커질 것을 염두에 두고 언젠가는 저 건물을 확장해서 건축하겠다고 마음먹고 하나님께 반문했다. '하나님, 이 작은 강당을 완성시키지 않으신 것은 더 크고 쓸모 있는 건물이 되게 하시기 위함이시겠지요?'

나는 있지도 않은 강당에 '국제관'이라는 그럴듯한 이름까지 지어놓고 틈틈이 건물 설계를 구상했다.

국제관을 지으려면 어림잡아 7억원 정도의 예산이 들었다. 그러던 어느 날 교육청과 고양시 시청으로부터 반가운 소식이 왔다. 강당 설립 예산으로 3억5천만원이 배정되었다는 것이다. 나는 이 돈을 밑천삼아 지선학원에 강당으로 사용할 국제관을 지어달라고 요청했다. 그렇게 해서 앙상한 시멘트 뼈대만 갖추고 몇 년을 방치되었던 강당 터가 2001년에는 국제관이라는 근사한 3층짜리 건물로 탈바꿈하게 되었다.

국제관 1층은 7개 교실로 이루어져 있고 2층은 예절실과 다목적 강당이 있다. 특히 3층에는 원어민 기숙사를 포함, 60여 명을 수용할 수 있는 기숙사를 만들었다. 이는 고양외고가 특목고이므로 고양시가 아닌 다른 지역에서도 학생들을 선발할 수 있다는 점을 고려한 것이었다.

고양외고는 벽제고가 고양외고로 전환한 것에 대한 지역사회의 우려를 단숨에 흩으려는 듯 빠르게 성장했다. 특히 학교의 주인인 학생들이 학교를 마음에 들어 했으며, 새로 부임한 선생님들의 실력과 열의에도 잘 따라주었다.

학생들의 입을 타고 나간 소문은 금세 고양시 전역으로 퍼져 나갔고, 평준화가 실시된 2002년에 그 진가를 발휘했다. 예전 같았으면 당연한 듯 지역의 명문 고등학교를 지원했을 우수한 학생들이 고양외국어고등학교로 대거 지원한 것이다. 벽제고등학교 시절에는 신입생 4학급도 채우기 힘들었는데, 고양외고로 전환한 뒤에는 6학급을 모두 채우고도 지원자가 많아 첫해부터 500여 명이 탈락하는 사태가 벌어졌다.

고양외고가 6학급으로 시작한 것도 사연이 있다. 원래 내가 교육청에 신청한 학급은 1학년 신입생 8학급이었는데, 교육청에서는 고양외고는 첫해이므로 아직 학교의 역량을 알 수 없다고 하며 6학급으로 허가를 한 것이다. 고양외고가 정해진 6학급을 모두 채우고 순조로운 출발을 보이자 교육청에서도 안심한 듯 했다.

벽제에 부임하여 몇 년을 지내며 느낀 것은, 하나님의 역사는 인간의 지혜로는 도저히 측량할 수 없다는 것이다. 고양시 한편에 초라하게 위치했던 벽제고등학교. 벽제중학교 학생들에게조차 무시당하던 벽제고등학교를 하나님은 단번에 고양시에서 가장 가고 싶은 학교로 만드신 것이다.

경기도 지역에서 고교평준화가 실시되면서 내가 예상했던 문제가 불거졌다. 평준화로 인해 자신이 지원한 학교와 상관없이 의왕시의 변두리 고등학교에 배정된 학생들이 불만을 제기한 것이다. 학부모들이 전학을 요구하고 집단행동을 해서 몇 달 동안 입학식도 제대로 치르지 못하여 교육청과 학교 모두 난처한 상황에 빠졌다. 그 사태를 보다가 '나도 벽제고를 고양외고로 전환하지 않았다면 저런 상황을 겪었겠구나' 하는 생각이 들어 안도의 한숨을 내쉬었다.

그러던 어느 날 문제가 된 고등학교의 이사장님이 행정실장과 함께 우리학교를 방문했다. 어떻게 하면 좋을지 의논을 하러 온 것이다. 듣고 보니 교육청에서 학교 관리자들에게 벽제고등학교처럼 외국어고등학교로 전환할 것을 권고했다고 한다. 여기에 더해 기숙사 건립을 위한 예산 20억원도 지원할 것을 약속했다고 한다. 그러나 나는 벽제고가 고양외고로 전환되고 성공을 거둔 것은 내 힘이 아닌 하나님의 힘이라고 생각했고, 그 학교와 벽제고가 완전히 같은 경우라고 볼 수도 없었기 때문에 '우리가 됐으니 당신들도 될 것이다' 라고 섣불리 얘기하기는 어려웠다.

별다른 조언도 해주지 못한 채 학교 관계자들을 보내고 나니 동병상련이 느껴졌다. 특목고로 전환한 결과는 성공적이었다 해도, 전환을 결심하기까지 나를 내리누르던 중압감과 전환을 둘러싼 각종 오해로 마음고생을 했던 일들은 생각하기조차 싫었다. 앞으로 저들이 겪을 어려움은 짐작하고도 남을 정도였지만, 한편으로는 서운한 마음이 들었다. 나는 교육청으로부터의 지원은커녕 인가 승인조차 빨리 내주지 않아 온갖 고생을 했는데, 의왕시의 고등학교는 교육청이 나서서 20억을 떠안겨가며 특목고로의 전환을 권했다고 하니, 이런 것이 개척자의 서러움이라는 것일까.

후에 들리는 말로는 결국 그 학교가 안팎의 문제를 해결하지 못해 전환을 하지 못한 상태로 다른 법인에 매각되었다고 한다. 그리고 그 법인이 해당 고등학교를 2004년에 외국어고등학교로 전환하고, 모든 학생의 기숙사 생활을 강조하여 상당히 좋은 호응을 얻고 있다고 한다.

나는 고양외고로 전환하여 신입생을 받은 첫해, 즉 2002년에 40여 명의 기숙사 학생을 받았다. 2003년에는 국제관의 예절실과 벽제문화원을 개조하여 80여 명의 기숙사 학생을 받았는데, 학급으로 따지면 두 학급 정도의 학생을 기숙사에 두고 생활을 관리한다는 것이 얼마나 어려운 일인지를 알 수 있었다.

실제로 기숙사를 운영하면서 부딪치는 어려움과는 상관없이, 학부모들에게는 자녀의 기숙사 생활이 큰 매력으로 다가온 것 같다. 나는 고작 80명 정도의 학생을 기숙사에 두고 있는데도 학생들과 학부모들의 요구가 빗발쳐, 기숙사 학생 수를 늘리는 것은 무리라고 생각할 정도이다. 기숙사가 집과 같이 편한 분위기를 주면서 동시에 학교와 같은 면학 분위기를 조성하기 위해서는 오랜 시간을 들여 끊임없이 노력해야 하기 때문이다.

지금은 고양외고에 기숙사 제도가 정착되고 학생들도 기숙사에 편하게 적응하여 지내고 있지만, 그렇게 되기까지 수많은 조정과 세심한 배려가 있었다.

현재 우리 학교 기숙사는 각 층의 첫 방에 사감교사가 상주하고, 각 방에는 옷장과 침대만 있다. 공부는 기숙사 학생 전원이 함께 사용하는 독서실에서 하기 때문에 방은 완전히 휴식공간으로써의 역할만 할 수 있도록 일부러 책상을 놓지 않았다. 각 층별로는 라운지를 두어 학생들이 간식을 먹으며 대화나 토론을 할 수 있도록 꾸며, 공부를 하거나 휴식을 취하는 학생들에게 방해가 되지 않도록 했다.

한창 혈기왕성한 남녀 청소년들을 기숙사라는 공간에 묶어두고 충분한 관심으로 지도한다는 것은 결코 쉬운 일이 아니다. 그렇기 때문에 고양외고의 기숙사는 학교와 먼 곳에 사는 학생들로 구성하면서, 전체 학생의 20% 미만으로 운영되고 있다. 내 생각에는 이 정도의 숫자가 사감교사들이 충분히 관심을 기울일 수 있는 최대치가 아닌가 한다.

Structure 02

운동장 한편을 가로질러 흰 건물에 붉은 지붕을 얹고 뻐꾸기 창이 달린 유럽식의 멋진 식당이 들어앉은 것이다. 나는 이 식당을 학생들의 꿈이 솟아나는 장소로 생각해 '푸른꿈 식당'으로 불렀다.

급식실은 전원주택처럼

        나는 벽제중·고의 교장이기 이전에 세 명의 자녀를 둔 엄마이다. 고등학생 두 아이와 늦둥이 초등학생 한 아이를 챙기다 보면 여느 다른 학부모들과 같은 고민에 빠진다. '어떻게 하면 아침을 챙겨 먹일 수 있을까?'

  고등학교에 다니는 두 아이들이 아침을 거른다. 늦게까지 공부하느라 지쳐 아침에 깨우면 "5분만 더!"를 외치다가 허둥지둥 일어나 가방 메고 학교에 가기 급하다.

  매일 이런 일을 집에서 겪는 나는 사춘기 아이들의 수면 시간이 일정하지도 않을뿐더러, 스스로 잠을 조절하지 못한다는 것을 알고 있다.

잠을 조절하지 못하니 잠에 치여 아침 식사는 늘 생략될 수밖에 없다.

우리 학교 학생들은 고양시 지역에서 스쿨버스를 타고 아침 7시까지 등교하는데, 이 학생들의 상황도 고등학교에 다니는 우리 집의 두 아이와 다를 바가 없어 보였다. 그래서 나는 고양외국어고등학교를 시작하면서 적어도 우리 학교 학생들에게는 아침밥을 꼭 먹여야겠다고 결심했다.

나는 의욕이 넘쳐 신입생 모집 설명회 때마다 아침 식사를 학교에서 제공하겠다고 제안했고, 아침 뿐 아니라 점심·저녁 식사까지 제공할 것이며, 밤 11시까지 야간자율학습을 시킬 것이라고 약속했다.

이러한 제안은 학부모들로부터 아주 좋은 호응을 얻었다. 그런데 뒷일이 문제였다. 의욕에 가득 차 계획을 말하는 것은 좋았으나, 내 생각을 실현할 예산도 없었고 시간도 촉박했다.

이제까지 벽제중·고의 급식은 직영으로 운영되고 있었는데, 학교 급식소이기 때문에 일은 고되고 그에 비해 대우는 좋지 않았다. 학교 급식실에서 일하는 영양사와 조리사들은 한 학기가 지나면 학교를 그만두기 일쑤였고, 그러다 보니 방학 때마다 새로운 사람들을 찾는 일이 반복됐다. 한번 입 밖에 나간 말은 물릴 수 없고, 급식을 위한 영양사와 조리사도 충분하지 않은 상태에서 개교 날짜는 하루하루 다가오고 있었다.

그런데 고양외고 신입생 입학식을 불과 몇 달 앞둔 2001년의 늦은 겨울날, 행정실장이 교장실 문을 열더니 서류 한 장을 내밀었다. 그 서류에는 고양시에서 우리 학교의 급식시설 보조를 위해 1억8천300만원의 예산을 배정하였다는 내용이 들어 있었다. 실장님은 "학교에 어려움만 있는 줄 알았더니 좋은 일도 있다"며 다행스러운 표정을 지었다.

나는 전혀 예상하지 못한 일이라 기쁘기도 하고 놀랍기도 했다. 지난 몇 년의 경험으로 봤을 때, 시청이나 교육청에서 예산보조를 받는 것이 얼마나 어려운 일인지를 뼈저리게 알 수 있었기 때문이다. 그런데 이렇게 쉽게 급식실 공사비가 배정되다니. 내 입에서는 자연스럽게 "하나님, 감사합니다"라는 한 마디가 흘러나왔다.

나는 이제까지 고등학교 급식실을 이용해 중학교와 고등학교 모두에게 급식을 제공했다. 그러다 보니 어쩔 수 없이 무리가 따라 직원들이 힘들게 일해야 했다. 내가 눈앞의 일만 보고 일단 있는 급식실을 어떻게든 운영할 생각으로 새 직원을 뽑으려 동분서주할 동안, 하나님께서는 급식실을 더 넓힐 수 있는 계획을 준비하고 계셨던 것이다.

2002년에는 고양외고로 전환되어 벽제중학교 전학년, 벽제고등학교 2, 3학년, 고양외고 1학년, 이렇게 세 학교가 공존해야 한다. 그런데 고등학교에만 급식을 실시하기도 힘겨운 상황에서 늘어나는 고양외고 신입생까지, 그것도 아침, 점심, 저녁 식사의 세 끼니를 모두 해결할 수 있게 하겠다는 내 생각은 얼마나 어이가 없는 일인가. 하나님께서 내 좁은 시야를 넓게 하시고 내 약속이 속 빈 공약이 되지 않도록 내 앞길을 열어주신 것이다.

나는 손에 쥔 예산을 가지고 신입생이 들어오기 전에 공사를 마무리해야 했다.

이제까지의 학교 공사는 벽제중학교부터 시작되어 뒷산을 배경 삼아 병풍처럼 이루어져 왔다. 처음에는 그 연장선상에 새로운 급식실을 지으려고 했지만 그 형태로는 마땅히 건물이 들어설 자리가 없었다. 나는 결국 운동장 한쪽을 가로질러 건물을 짓기로 결심하고 늦겨울의 어두운 운동장을 거닐며 식당이 들어설 자리를 탐색하기 시작했다.

우리 학교는 다른 학교에 비해 학교 부지가 넓은 만큼 운동장도 아주 넓었다. 운동장의 한쪽 끝에는 처음 부임하면서 꾸민 자생화단지와 농구장이 있고, 운동장을 가로질러 아늑한 서양식 정원이 자리잡고 있다.

나는 운동장 끝과 서양식 정원의 입구에 급식실을 세우기로 하고, 식당과 주방이 들어설 자리까지 살폈다. 내가 세우는 상상의 건물은 주어진 예산과는 별개로 한없이 넓어져만 가고 있다. 2억에 가까운 예산으로는 급식실을 짓고 주방기구까지 마련하기에도 빠듯한 금액인데, 내 머릿속에는 이미 급식실에 식당에 주방까지 들어서 아무도 자리를 양보하지 않겠다고 버티고 있었다.

그 정도 규모의 예산으로 원하는 건물을 모두 지으려면 방법이 없는 것도 아니다. 샌드위치 패널을 이용하여 가건물을 지으면 된다.

벽제 지역에는 샌드위치 패널을 이용하여 창고를 짓는 경우가 많았다. 그러나 그렇게 지은 밋밋한 창고 건물은 우리 학교에 어울리지 않았다. 나는 한동안 모든 관심을 예쁜 건물에만 맞추고 벽제 지역을 돌아다니며 여러 건물들을 눈여겨보았다.

그렇게 며칠간 벽제를 휘젓고 다니다가 나는 마음에 드는 전원주택을 발견하여 행정실 직원에게 그 건물을 누가 지었는지 알아보도록 지시를 내렸다. 직원은 건물의 사진을 찍어 왔으나 누가 공사했는지는 알 수 없다고 한다.

며칠 동안 막막한 심정으로 있는데, 우리 학교에 늘 오셔서 말씀을 전하시는 지영리교회의 목사님과 차를 마시며 학교일에 대해 이런저런 이야기를 나눌 기회가 생겼다. 나는 급식실과 식당 건축에 관해 이야기를 하면서, 좋은 건설업자를 구해서 저렴하면서도 멋있는 식당을 지었으면 좋겠다고 했다. 그런데 뜻밖에도 목사님은 교회 청년들이 건축팀을 만들어 공사를 종종 하는데, 기술도 좋고 신앙이 아주 좋다고 하셨다. 나는 좋은 기회라고 생각하여 그 건축팀의 소개를 부탁드렸다.

일은 일사천리로 진행되어 곧 공사 책임자를 만났고, 나는 행정실 직원이 찍어다 준 전원주택의 사진을 보여주었다. 그 집은 샌드위치 패널 위에 흰색 사이딩을 씌워 미국의 나무집처럼 보이는 것으로, 지붕은 붉은색 아스팔트 싱글로 마감되어 있었으며, 예쁜 뻐꾸기 창이 달려 있었다.

배정받은 예산 중 급식기구비와 정화조, 가스공사비를 빼면 내가 제안한 모양의 식당을 짓는 데 쓸 수 있는 순수 공사비는 1억1천만원이었다. 예산도 빠듯한데 나는 더 힘든 조건을 붙일 수밖에 없었다. 바로 공사기간을 맞추는 것이다. 고양외고의 신입생이 들어오기 전에 식당을 완공시켜야 하므로 2월 말에는 식당이 완공되어야 한다. 이제 막 1월에 접어들었으니 40일 안에 공사를 끝내야 하는 것이다.

억지에 가까운 요구였지만 공사 책임자는 나의 어려운 사정에 동감하며 시간에 맞추어 건물을 완공할 것을 약속했다. 특히 이 건축팀은 일반 건축보다는 철제빔을 이용하여 건축을 하기 때문에 공사 속도도 빠르고 내가 원하는 전원주택 분위기도 충분히 낼 수 있을 것이라고 했다.

나는 공사에 들어가기에 앞서 설계사를 통해 식당을 설계하여 구청에 건축 허가를 신청하라고 지시했다. 건축 허가를 취득할 때까지 기다리면 가뜩이나 촉박한 공사 시간이 더 짧아지겠기에 나는 우선 공사를 계약하고 골조를 세울 철제빔을 제작하자고 제의했다. 그리고 철제빔을 제작하면서 기초공사를 병행했다.

공사를 시작하고 며칠이나 흘렀을까, 건물의 설계를 맡긴 건축설계사가 뜻밖의 소식을 전했다. 우리 학교가 그린벨트 구역이고, 작년부터 그린벨트 지역에는 그린벨트 지역 관리계획을 변경신청하여 허가가 난 후에야 건축 허가를 받을 수 있게 된다는 말이었다. 나와 행정실장은 지금까지 몇 년 동안 학교를 재정비하고 건축 허가를 받아 새로운 건물을 세웠지만, 관리계획이라는 용어는 들은 적이 없었다.

나는 사태의 심각성을 느끼고 구청의 건축 허가 담당자를 찾아갔다. 작년 11월에 착공한 고양외고 본관 건물도 관리계획 변경 승인 절차를 밟지 않았고, 급식실과 식당은 학생들이 공부하는 데 반드시 필요하니 하루라도 빨리 건축 허가를 내 달라고 요청했다. 그러나 담당자의 태도는 변함이 없었다. 심지어는 외고의 본관 건물도 실수로 건축 허가가 난 것이라고 이야기하는 게 아닌가.

나는 구청 담당자에게는 더 이야기해도 소용이 없다는 것을 깨닫고, 그린벨트에 관해 자세히 알고 있는 고양시의 시의원을 찾아갔다. 의원님을 만나 자초지종을 이야기하니 시청에 가서 알아보고 결과를 전해주겠다고 하셨다.

학교로 돌아와 초조하게 결과를 기다리는데, 의원님으로부터 좋은 소식이 전해졌다. 한달 안에 관리계획 변경 승인을 받을 수 있도록 협조해주겠다는 것이다. 나는 안심하여 건축 허가는 관리계획 변경 승인이 난 후에 다시 제출하기로 하고, 우선은 입학식 전에 식당을 완공할 수 있도록 건축을 진행하자고 지시했다.

공사를 진행하는 동안에도 나는 새로운 영양사를 찾기 위해 고심했다. 구인광고를 몇 번이나 내보냈음에도 마음에 맞는 영양사를 구할 수 없었다. 이 상황은 입학식을 2주 앞둔 때에도 해결이 되지 않아 나는 행정실의 급식담당직원을 불러 독촉했다. 난처해하는 담당자에게 "기도해보세요. 나도 기도할테니"라고 말하고 돌려보냈는데 10분이 지났을까, 담당직원이 다시 들어와 영양사를 찾았다고 보고하는 것이다. 몇 달을 구해도 못 찾았는데 10분 만에 찾았다니 이게 무슨 말인가.

자초지종을 들어보니 영양사를 구하는 인터넷 사이트에 새로 공고를 올렸는데, 금세 전화가 왔다고 한다. 영양사로서의 자격과 경력을 갖춘 것은 물론 신앙도 깊었다. 특히 우리 학교가 미션스쿨이라서 꼭 근무하고 싶다는 이야기까지 했다고 한다. 담당자는 반신반의하여 우리 학교는 아침식사도 하기 때문에 학교와 가까운 곳에 살아야 한다고 했더니, 이사를 해서라도 근무하겠다고 약속했다고 한다.

사람이 찾아 한 달이 걸려도 하지 못한 것을, 하나님께서 조건이 딱 맞는 사람을 예비해두셨다가 10분 만에 보낸 것이라고 밖에 생각할 수 없는 일이었다.

영양사도 갖추고, 공사는 꾸준히 진행되어 철골빔과 기초가 완성되자 샌드위치 패널은 조립식이어서 공사 진행 속도가 눈에 띄게 빨라졌다. 그러나 건물이 완공되어도 주방기구를 들여놓고 정화조와 도시가스까지 설치한 이후에야 급식실의 정상 운영이 가능하기 때문에 처음 생각한 2월 말 완공은 무리였다. 그래서 3월 한 달은 벽제중, 벽제고, 고양외고 세 학교 학생들이 시차를 두어 급식을 하게 되었다. 아침은 고양외고만 제공하니 큰 어려움 없이 진행됐지만, 점심은 세 학교 모두 제공해야 하므로 배식시간을 철저히 점검하여 문제가 생기지 않도록 했다.

3월 셋째 주, 드디어 새로운 급식실을 온전히 사용할 수 있게 되어 정상적으로 세 학교의 급식을 운영할 수 있게 되었다. 운동장 한편을 가로질러 흰 건물에 붉은 지붕을 얹고 뻐꾸기 창이 달린 유럽식의 멋진 식당이 들어앉은 것이다. 나는 이 식당을 학생들의 꿈이 솟아나는 장소로 생각해 '푸른꿈 식당'으로 불렀다.

이렇게 해서 고양외국어고등학교는 하루 세 끼의 식사를 통해 학생들의 건강을 책임지는 영양사와 조리사, 그리고 멋진 식당을 갖춘 학교가 되었다.

건물이 완공되고 몇 달 동안 순조롭게 급식이 진행되어 기쁨과 안도의 나날을 보내면서, 해결되지 않은 문제가 있다는 것을 잊고 지냈다. 시의원님은 한 달 안에 관리계획 변경 승인이 날 것이라고 이야기했지만, 몇 달이 지나도록 변경 승인이 나지 않았다. 자세히 알아보니 정상적인 절차를 거쳐 승인을 받는 데만 1년 반 이상이 걸린다고 한다. 그린벨트 관리계획은 내가 생각한 것보다 훨씬 큰 문제였던 것이다.

멋스럽게 지은 식당이 몇 달 동안 잘 운영되고 있는데, 그 식당은 건축 허가도 없이 지어진 불법 건물이었다. 2002년이 지나 2003년이 되도록 관리계획 문제는 해결되지 않았다.

그나마 다행인 것은 고양외고 본관 건물의 건축 허가를 받을 때는 아무도 관리계획 변경 승인 절차에 대해 말해주지 않았기에, 시에서 문제를 삼지 않았다. 다시 문제가 된 것은 중학교 건축이었다. 신입생이 늘어 건물을 증축해야 하는데 이것도 관리계획 변경이 문제가 되어 건축 허가가 나지 않았다.

눈앞에 닥친 가장 큰 문제는 푸른꿈 식당이었다. 푸른꿈 식당은 불법으로 지었기 때문에 철거하지 않으면 시에서는 앞으로 어떤 건물에도 관리계획 변경 승인을 해줄 수 없다고 했다.

나는 너무도 속상해 속수무책으로 시간을 보내다가 하나님께 '하나님, 어떻게 지은 건물인데 이것을 헐어야 하나요?' 라고 마음속으로 부르짖었으나 어떠한 응답도 들리지 않았다. 방법이 없었다. 힘든 봄을 지내며 결심을 했다. 부수라면 부숴야지.

나는 법대로 하자고 마음먹고 행정실장을 불러 그린벨트 담당자에게 푸른꿈 식당 철거를 통보하라고 했다. 실장님은 담당자에게 푸른꿈 식당을 철거하겠으니 중학교 건물의 증축과 푸른꿈 식당 건축 허가를 다시 해달라고 부탁했다. 다행히도 증축되는 중학교 건물과 푸른꿈 식당의 건축 면적은 건축 총 연면적의 1/10이 되지 않았다. 이런 경우는 관리계획 변경 승인 절차를 거치지 않고 경기도 도지사의 승인을 받는데, 약 3개월이 걸린다고 하였다. 담당자는 지은 지 1년밖에 안된 건물을 부셔야 하는 우리를 위로하며, 될 수 있는 한 빨리 승인을 얻어 주겠다고 했다.

나는 기운이 쭉 빠져 학교로 돌아왔다. 그리고 시설을 담당하는 한선생님을 불러 푸른꿈 식당의 철거 결정을 전했다. 그런데 한 선생님은 담담한 어조로 "철거하고 이번에는 2층으로 짓지요"라고 말하는 것이 아닌가.

돌이켜보니 푸른꿈 식당은 천장이 너무 높았다. 완공 무렵에 식당 안을 살피다가 깨달은 사실인데, 그때 마음속으로 '조금만 더 높으면 2층 식당도 가능했을 텐데' 라며 아쉬워했던 일이 있었다. 주방인 급식실의 경우 조리를 하면 열이 많이 나므로 열을 방출하기 위해 닥트 등을 설치해야 하고, 이렇게 하려면 지붕이 높아야 한다. 급식실의 지붕을 높이다 보니 옆에 붙은 식당도 덩달아 천장이 높아졌던 것이다.

나는 머릿속이 환해지는 듯 했다. 하나님은 앞으로 신입생들이 들어오면 식당 공간이 부족할 것을 미리 아신 것이다. 내가 많은 일로 앞을 내다보지 못하니 2층 식당을 주시기 위해 철거라는 쓴 처방을 내려 내게 더 큰 미래를 주시려 하는 하나님의 뜻을 깨닫게 되었다.

푸른꿈 식당의 공사 책임자를 다시 만나 철거를 의논하니, 푸른꿈 식당을 지을 때 쓴 철제빔과 샌드위치 패널은 다시 쓰면 되니 크게 손해가 될 일은 없다고 했다. 바닥의 면적은 같고 높이만 높아지기 때문에 철제빔만 길게 쓰면 되고, 더군다나 공사 후에는 주방의 천정도 조금 더 높아져 급식실도 한층 쾌적한 환경을 유지할 수 있다고 한다.

나는 푸른꿈 식당을 이루고 있었던 구조물이 하나씩 뜯겨져 운반되는 것을 보면서, 합력해서 선을 이루시는 하나님의 역사가 푸른꿈 식당에서 이루어지고 있는 것을 깨달았다.

Structure 03

미래관 건물의 꼭대기에는 "세계를 향하여, 미래를 향하여"라는 글이 있어 밤에는 푸른빛의 네온으로 빛나고 있다. 2층 베란다에는 미국, 중국, 일본, 스페인의 국기와 함께 고양외고의 깃발이 펄럭이며 건물을 지키고 서있다.

예산 확보의 나날들

외국어고등학교로 전환하면서 가장 큰 공사가 되는 것은 20억 규모의 본관 건물이다.

지금까지는 교육청, 시청, 학교법인의 도움으로 조금씩 필요한 건물을 짓고, 2001년에는 몇 년 동안 공사가 중단되어 있던 국제관 건물까지 지었다. 그런데 이번에는 가장 큰 규모의 건물인 고양외국어고등학교 본관을 지어야 하는 것이다. 막막했지만 주님이 허락하시고 계획하신 학교이니 어떻게든 주님이 도와주실 것을 기다리며 간절히 기도했다.

나는 기도를 마치고 시장님을 찾아갔다. 황교선 고양시 시장님은 교육에 매우 관심이 많은 분이다. 2001년에는 국제관을 지을 수 있도록

1억5천만원을 보조해 주셨는데 또 도와달라고 부탁하는 것도 염치없는 일이었다. 그러나 사람이 풀죽어 있으면 될 일도 안된다. 나는 고양시에서 유일한, 아니, 경기 북부에서 유일한 특수목적고인 외국어고등학교를 세우는 일이라면 시에서도 마땅히 도움을 줘야 하지 않겠냐는 생각을 굳혔다.

마음을 단단히 먹고 열심히 기도한 후에 시장실 문을 두드렸다. 시장님은 환한 미소로 나를 맞이해주시고 무슨 일로 왔는지 물었다. 나는 고양시가 2002년부터 고교평준화가 되어 벽제고등학교를 우수한 학생들을 교육할 수 있는 외국어고등학교로 전환하려고 한다고 말씀드렸다.

시장님은 아주 좋은 계획이라고 하시면서 격려해주셨다. 나는 주저하다가 외고 설립을 위해 20억 예산의 건물이 필요한데, 시장님께서 도와달라고 말을 꺼냈다. 자기 돈이든 남의 돈이든 누군가가 달라고 했을 때 선뜻 내주는 것은 어려운 일이다. 시장님은 부담스러운 표정으로 나에게 농담처럼 "아버님께 부탁해"라고 하셨다. 나는 "물론 아버님께도 부탁해야 하지만 시에서도 도와주셔야 합니다"라고 간청했다. 우선 5억을 보조해달라고 하자, 시장님은 기획실장을 불러 내 상황을 전달하고 예산이 배정되도록 올리라고 지시했다.

시장님의 도움에 감사를 드리고 나오기는 했지만, 정말 도와주실 수 있는지는 알 수 없는 일이었다. 게다가 예산은 12월이 되어봐야 확정이 되고, 예산이 잡힌다 해도 시의원들이 예산 심의 때 어떤 반응을 보일지도 알 수 없었다.

대부분의 시의원들과 주민들은 사립학교를 운영하는 것이 교육도 하면서 돈도 버는 어렵지 않은 사업이라고 생각하는 것 같았다. 그래서 예산 지원을 요청하면 학교법인에서 해줄 일을 왜 시청이나 교육청까지 와서 예산을 바라느냐는 반응을 보이기 일쑤였다.

한국의 사립학교는 준공립이나 마찬가지이다. 학생들에게 받는 등록금도 공립과 사립이 동일하며, 교직원도 학교 규모에 따라 나라에서 정해주는 수만큼 채용하여 운영해야 했다. 이렇게 운영하면 학교는 늘 적자였다. 적자가 나는 부분을 정확히 산출하여 교육청에 제출하면 재정보조금이라 하여 매달 부족분이 학교로 전달되었다. 그러다보니 학교 재정은 교사 인건비와 운영비를 충당하는 것만으로도 벅찼고, 규정에는 이사장님의 교통비나 식대는 물론 월급도 드릴 수 없게 되어 있다.

사립학교는 지역사회에서 공교육을 감당하는 기관이긴 했지만, 거의 모두가 노후건물과 재정부족으로 허덕이고 있었다. 특히 중학교는 의무교육이 되어 그나마 받고 있던 적은 수업료조차 전혀 받지 못하고 전액 국고 보조에 학교 운영을 맡겨야 되는 상황이 되었다.

지선학원도 30여 년을 이곳에 있으면서 학교에 지속적인 투자를 한다는 것이 밑 빠진 독에 물을 붓는 꼴이 된다는 것을 잘 알고 있었다. 이런 상황에서는 나 역시 재단에 투자를 요청하기 어려웠고, 아버지에게 손을 내민다는 것은 더더욱 상상할 수 없는 일이었다.

아버지는 어려운 상황 속에서도 학교를 11개나 세운, 작은 몸집을 한 80을 바라보는 노인이었다. 20여 년간 당뇨와 함께 살아오면서, 어느 학교를 가나 도와주어야 할 것과 해결해야 할 문제만 만나는 사람이 아버지였다. 그러나 나는 지금까지 살아오면서 아버지가 낙심한 것을 본 기억이 없다. 비록 나는 아버지를 대할 때마다 안쓰러운 마음이 들지만, 아버지는 언제나 "걱정하지 마라. 잘 될 거야"라며 나를 격려하고 용기를 주셨다. 각종 어려운 일을 겪어도 내가 부탁을 드리면 항상 들어주시려 애를 쓰셨고, 그러한 도움이 내게 큰 힘이 되었던 것도 사실이다. 그러나 20억원이라는 거금은 아버지에게 말조차 꺼내기 어려웠다.

여러 사람들을 만나러 다니면서 얻은 것은 시청에서 5억, 2002년부터 시행되는 7.20사업에서 교육청 보조금으로 나올 1억 정도였다. 그나마 시청에서 준다는 5억도 정말 받을 수 있을지는 모를 일이었고, 그 나머지 금액은 어디에서 구할 것인지 막막했다. 그래도 나는 최선을 다해 교육예산을 심의하는 시의회의 자치행정위원들을 한분씩 만나 사정을 알리며 협조를 요청했다.

시의장님과 부의장님을 비롯해서 얼마나 많은 시의원들을 만나 설득했는지 모른다. 그 분들은 하나같이 사립학교에서 왜 시에 예산을 요청하냐며 불편한 기색을 보였다. 나는 침착하게 벽제고가 고양외고로 전환해야 하는 배경을 말씀드리며, 사립학교는 사학재단만이 책임질 문제가 아니라 모두의 협력을 통해 운영되야 한다고 강조했다. 결국에는 모두 도와주겠다고 말을 하긴 했지만 여전히 예산은 턱없이 모자랐다.

예산은 없어도 내게는 상상력이 가득했다. 본관 건물의 위치는 학교 정문으로 들어오면 바로 중앙으로 보이는 자리로 정했다. 그런데 이 자리는 배수가 잘 되지 않아 비가 많이 오면 물이 흥건히 며칠씩 고이는 곳이었다. 그래도 본관의 위치로는 가장 적당하여 건물을 지은 후에 운동장 배수공사를 확실히 하여 어려움을 겪지 않도록 하면 될 일이었다.

본관 위치는 결정되었으나 예산이 확정되지 못한 채 9월이 되었고, 학교설명회는 다가오는데 공사는 아직 시작도 못하고 있었다. 설명회가 하루 앞으로 다가오자 나는 직원들을 동원하여 본관을 지을 터에 말뚝을 박고 사방에 줄을 쳐서 건물의 위치를 표시했다. 그리고 정면에 본관 조감도를 게시하기로 했다.

일단 필요한 대로 건축설계사에 설계를 맡기고 조감도를 크게 현상하려고 하자, 그것도 몇백 만원이 든다고 했다. 결국 나는 건축설계소로부터 작은 조감도 사진을 받아 선생님 한 분께 컴퓨터로 확대하고 프린트해줄 것을 부탁했다.

엉성하게 만든 조감도와 새 건물의 위치 정도만 보여주었던 설명회였지만, 학부모들의 관심은 뜨거웠다. 그중에는 새롭게 설립되는 외국어고등학교를 불신의 눈으로 바라보는 학부모들도 많은 것 같았다. 나는 최선을 다해 설명회를 마무리했지만, 부족한 예산과 아직 시작도 못한 공사를 생각하면 마음이 무거워졌다.

입학식이 다가올수록 나는 점점 더 하나님께 매달렸다. 그러던 2001년 10월의 어느 날, 문득 '걱정만 하지 말고 교육부에라도 예산을 요청해야 한다'는 생각이 떠올랐다.

나는 그동안 고양시와 경기도 교육청, 고양시청, 지선학원으로부터 예산을 지원받아 숨 쉴 틈도 없이 필요한 건물을 확보해 왔다. 그런 나에게 교육부는 한 번도 가본 적이 없는, 너무도 먼 곳이었다. 시교육청은 중학교를, 도교육청은 고등학교를 관리하는 곳이지만, 교육부는 대학을 관리하는 곳이기 때문에 나와는 상관이 없었다. 그런데 무턱대고 교육부라도 가서 예산을 받아야 한다는 생각이 들었다.

마침 책상 위에 있는 전화기가 울렸는데, 전화를 받자 어머니가 "아니, 이 시간에 집에도 안가고 학교에 남아있니?"하며 걱정을 하셨다.

나는 어머니께 "학교 일 때문이에요. 공사를 시작해야 하는데 예산이 부족해서 업체를 찾을 수도 없고, 교육부에서라도 예산을 받을 수 있으면 해서요" 하면서 지나가는 말로 "혹시 교육부에 아시는 분이 있나요?"라고 물었다. 어머니는 마침 아는 사람이 한 명 있다며 다른 분께 부탁하여 교육부 상황을 알아보겠다고 하셨다.

우리 어머니 또한 아버지 못지않게 고생을 많이 하신 분이다. 사람들은 아버지보다 몸집이 더 크게 보이고 목소리도 당당한 어머니를 여걸이라고 부르지만, 가까이서 지켜보는 나는 어머니가 아버지와는 달리 겁이 많고 근심이 많으며 착한 분이라는 것을 안다. 어쩌면 나보다 더 겁이 많은 어머니를 생각하면, 어머니는 보호해드려야 한다는 마음이 들곤 했다.

어머니의 말에 큰 기대를 한 것은 아니지만 그래도 약간의 희망을 가지고 소식이 오기를 기다렸다. 며칠 뒤에 전화 한통이 왔다. 내가 어려울 때 늘 도움이 되는 신흥대학의 교수님인데, 내게 무엇이 필요한지, 교육부에 어떻게 말하면 될지 묻는 것이었다.

나는 학교 본관을 짓기 위해 예산이 필요하다고 얘기를 꺼냈지만 교육부에서는 사학이기 때문에 도움을 주기 어려울 거라고 덧붙였다. 그래도 외국어고등학교이므로 외국어 교육을 위한 최신식 다목적 어학센터를 특성화 사업으로 부탁하고 싶다고 말씀드렸다. 구체적인 예산이 얼마나 필요하냐고 물으시기에, 건축과 프로그램 및 어학 장비까지 하면 8, 9억은 필요하다고 대답했다.

적은 금액도 아니고, 교육부와 직접적인 관련이 없는 고등학교 문제인지라 될 리가 없다고 생각하면서도, 한편으로는 하나님께 떼를 쓰듯

'꼭 되게 해주세요'라고 간절히 기도를 올렸다.

그런데 2주일 정도 지났을까, 교육부로부터 연락이 왔다. 교육부에는 중·고등학교에도 보조할 수 있는 특별교부금이라는 것이 있는데, 아직 조금 남아 있어 그 정도는 지원할 수 있으니 사업계획서를 준비하라는 것이다.

나는 급히 다목적 어학센터에 관한 사업계획서를 만들었다. 다행히 몇 달 전에 누가 내 이메일로 어학센터에 필요한 최신 프로그램과 어학장비들의 목록들을 보내와 이를 기준으로 삼았다. 교육부의 특별교부금은 연말이 되기 전에 모두 확정되어야 하는데, 아마 마지막으로 우리 학교의 어학센터가 심의된 것 같았다. 급하게 만든 사업계획서임에도 불구하고 교육부에서는 8억8천만원의 예산 배정이 결정되었다. 나는 모든 영광을 하나님께 돌렸다. 하나님은 부족한 나를 위해 사방에 외국어고등학교를 도울 수 있는 예산을 예비해 놓고 내가 찾아서 도움을 요청하기만 하면 응답하게 하시는 것 같았다.

교육부로부터 배정받은 예산은 이제까지 보조받은 예산 중에서 가장 큰 돈이었다. 나는 본관 2층의 6개 교실에 대한민국에서 가장 멋진 다목적 어학센터를 만들기로 결정했다. 이곳에는 어학센터 중에서 가장 선진 프로그램이라고 하는 핀란드의 텐드버그 시스템과 인터넷 방송국 등을 도입하였다.

나는 용기를 내어 고양외고 본관으로 쓸 건물의 공사 준비에 박차를 가했다. 부족한 예산은 재단에서 도와주기로 하고, 건축 허가를 얻기 위해 서류를 제출하고 건설업체를 선정하였다. 건물의 이름은 미래관으로 정해 최신식 중앙 냉난방을 설치하고 친환경적 물백묵을 이용하는

칠판과 장시간 공부를 하는 학생들을 위해 듀오백 의자를 구입했다.

공사는 고3 수험생들이 수능을 치르는 날로 정했다. 공사가 시작되면 공사 소음이 공부하는 학생들을 방해하게 되고, 공사차가 드나들기 시작하면 벽제고등학교가 없어진다는 소리에 가뜩이나 뒤숭숭한 벽제고등학교 학생들의 마음이 더 불안해질 것을 우려했기 때문이다.

그러나 시간이 너무 빠듯했다. 고양외고 신입생을 받기까지 4개월 밖에 남지 않았는데 수능일에 공사를 시작하면 3개월 안에 미래관을 완공해야 한다는 계산이 나온다. 그것도 한겨울에 건물을 짓는 일이니 건축소장은 고개를 저었지만 나는 할 수 있다고 주장하며 주변 사람들을 독려했다.

이상했던 것은, 이때는 건축 허가를 얻으려면 그린벨트 내의 관리계획 변경 신청을 승인받아야 하며, 승인이 나지 않으면 건축 허가가 나지 않을 때였다. 그런데 신기하게도 어느 누구도 관리계획에 대해 이야기하는 사람이 없었고 나도 전혀 몰랐던 절차였다. 하여튼 고양시에서는 건축 허가를 내주어 기적적으로 공사가 진행되었다.

그래도 입학식이 있는 3월에 완공을 할 수는 없었다. 나는 우선 학부모와 학생들에게 양해를 구하고 2001년 완공된 국제관 1층의 7개 교실에 신입생 교실과 교무실을 배치하여 고양외고 1기인 드림팀 학생들을 받아들였다. 식당도 본관 건물인 미래관도 아직 완공이 되지 않은 상태였지만, 공사는 계속 진척이 됐고, 학부모들은 학교에 올 때마다 건물이 쑥쑥 올라가는 것을 보면서 독촉하지 않고 공사가 끝나기를 기다려 주었다.

3월 셋째 주, 드디어 푸른꿈 식당이 완공되고, 4월 17일에 미래관이 완공되었다. 4월 16일 낮에만 해도 공사 마무리 관리가 되지 않아 운동장 앞뒤가 어수선했는데, 17일에 열린 개관식에 참석한 학부모들과 학생, 교직원들은 눈을 휘둥그렇게 떴다. 학교는 말끔히 정리되었고 정원은 아름답게 손질되어 개관식에 손색이 없도록 모든 준비가 완료된 것이었다.

사람들은 몰랐지만 나의 아버지가 노구를 이끌고 16일 밤이 늦도록 재단 사람들과 함께 공사 마무리를 지켜보시며 미래관 개관 준비를 총지휘하셨다.

미래관 건물의 꼭대기에는 "세계를 향하여, 미래를 향하여"라는 글이 있어 밤에는 푸른빛의 네온으로 빛나고 있다. 2층 베란다에는 미국, 중국, 일본, 스페인의 국기와 함께 고양외고의 깃발이 펄럭이며 건물을 지키고 서있다. 급한 대로 국제관에 자리를 잡았던 학생들도 책상과 의자를 옮기며 앞으로 자신들이 주인이 될 미래관으로 자리를 옮겼다.

이제 고양외고는 벽제고등학교 건물인 아이비관과 본관인 미래관, 국제관, 푸른꿈 식당을 갖추고 당당히 외국어고등학교 대열에 입성하게 되었다.

Structure 04

벽제문화원 건물은 벽제고의 역사를 간직한 자랑스러운 건물이다. 나는 이 건물을 볼 때 마다 세월에 따라 역사하시는 하나님의 손길을 느끼게 된다.

사랑과 인내의 기숙사

벽제고를 고양외고로 전환하기로 결심하고 추진하던 2001년 겨울, 나는 하나님께 어떤 마음으로 이 학교를 이끌어 가야 할 것인가를 물으며 조용히 묵상하고 성경을 읽기 시작했다.

그러다가 "주께서 너희 마음을 인도하여 하나님의 사랑과 그리스도의 인내에 들어가게 하시기를 원하노라"(살후 3:5)라는 구절에 눈이 멈췄다. 나는 그 글을 읽고 묵상하면서 하나님이 부족한 나에게 주는 글임을 믿고 그 말씀에 순종하려고 했다. 하나님의 사랑과 그리스도의 인내 없이 부족한 내가 어찌 고양외국어고등학교를 이끌어갈 수 있겠는가. 나는 고양외고를 하나님이 원하시는 대로 세상의 빛과 소금이 될 수 있는 학교로 키우기 위해 더 깊은 사랑과 더 많은 인내를 달라고 간절히 기도했다.

이후에 내가 이 구절을 자주 묵상하게 된 것은 기숙사를 운영하면서 부터였다.

많은 인원을, 그것도 하나하나 다른 사람들의 소중한 아이들을 기숙사에서 관리한다는 것은 정말 힘든 일이었다. 한창 왕성한 나이의 학생들을 하루 종일 교실에 묶어둔 채 공부를 시키고, 또 지쳐서 기숙사로 돌아온 학생들을 정해진 시간에 재우고 정해진 시간에 깨워 등교시키는 것도 호락호락한 일이 아니었다. 늦게까지 자지 않고 방에서 떠드는 학생들, 언제 사왔는지 한밤중에 야식을 먹으려는 학생들, 수업이 조금이라도 일찍 끝나면 학교 울타리를 넘어서 벽제 시내에라도 나가보려는 학생들, 그리고 늦게까지 자지 않고 공부하려는 학생들… 그 속에서 균형 잡힌 생활지도를 한다는 것은 너무나 어려웠다.

펄펄 나는 학생들을 지도하느라 힘이 든 것도 아랑곳하지 않고 학부모들이 일방적인 요구를 하면 야속한 마음을 들어 기숙사를 확장하고 싶은 마음이 사라질 때가 한두 번이 아니다. 교직원들의 고생을 무시하며 함부로 말하는 학부모들과 제멋대로인 학생들을 대면할 때면 나는 마음 속으로 그리스도의 인내와 하나님의 사랑을 구하며 기도했다. 차를 타고 한 시간이 넘는 거리에서 힘겹게 통학해야 하는 학생들이 고양외고를 선택했고, 이들을 위해서라면 교장으로써 당연히 들어야 할 말이고 해야 할 일이며, 서운한 마음을 가져서는 안된다고 마음을 다잡았다.

나는 이 기숙사가 고양외고 복음 전도의 모판이 되기를 바랐다. 이곳에서 학생들이 복음을 받아들이고 신앙을 키워, 다른 학생들을 전도하는 사람들이 된다면 얼마나 좋은 일인가. 나는 영성 깊은 교사들에게 기숙사 학생들을 소그룹으로 나누고 그들의 영적 상태에 따라 성경 공부를 지도할 것을 부탁했다. 그리고 기숙사에 입소하는 학생들에게 조건을 붙였다. 매주 수요일에는 성경 공부에 참석해야 하고, 1주일에 한 번은 원어민과의 회화수업을 통해 전공어 실력을 늘리는 것이었다.

이렇게 하여 기숙사를 꾸려갔는데, 해가 바뀔 때마다 인원이 늘어 2004년에는 신입생을 위한 기숙사 공간이 부족하게 되었다. 나는 벽제 중·고에 부임한 이후 해마다 건물을 지었지만 학생들이 늘어나면서 새로운 건물이 계속 필요했고, 2004년에는 기숙사 학생들을 위한 공간이 문제가 되었던 것이다.

2002년 고양외고를 개교할 당시 국제관에 신입생들을 위해 기숙사를 마련했는데, 그 해에 정원인 40명이 다 차서 새로운 학생들을 받아들이기 어려웠다. 당시 고양외국어고등학교 학생의 90% 정도가 고양시에 거주하는 학생들이었다. 그런데 나머지 10%에 해당하는 원거리 학생들과 기숙사에 들어오기를 강하게 희망하는 학생들이 첫해에 기숙사의 40명 정원을 다 채워버린 것이다.

나는 부임하면서 시작했던 평생교육을 중지하고, 평생교육을 위해 마련된 2층짜리 벽제문화원 공간을 개조하여 기숙사로 만들었다. 그래서 2003년에는 80명의 학생들이 그다지 쾌적하지는 않지만 학교에서 마련해준 기숙사에서 기거할 수 있었다. 그러나 1, 2학년을 합쳐 80명이 된 것도 대식구인데, 2004년에는 어떻게 신입생들에게 기숙사를 배정할 수 있을까 하는 걱정이 머리에서 떠나지 않았다.

앞에서 언급한 것처럼 우리 학교는 사방이 그린벨트로 묶여 있어, 건물을 지으려면 관리계획 변경 승인을 받아야 했다. 그러나 푸른꿈 식당을 철거하고 다시 지으면서 겪었던 고충을 생각하면, 관리계획 승인 절차를 생각만 해도 지긋지긋할 정도였다.

틈만 나면 걱정 반, 기도 반으로 세월을 보내고 있었는데, 11월 초의 어느 새벽에 기도를 하다가 갑자기 하나의 공간이 확실히 머릿속에 떠올랐다. 벽제문화원 옆의 포장된 긴 도로였다. 나는 기도를 계속 하려 했지만 집중이 되지 않은 채 같은 장면이 계속 떠올랐다.

나는 하나님께 조용하게 '무엇을 가르쳐주시려고 합니까?' 라고 여쭈어 보았다. 하나님은 그 길 위에 기숙사를 세워 기존의 벽제문화원 건물에 붙이면 경비도 많이 들지 않고 기숙사 건물로는 충분한 공간을 확보할 수 있을 것이라고 말씀하시는 것 같았다.

그 길은 우리 학교에서는 쓸 일이 없는 공간이었고, 때때로 자동차나 한두 대 주차하던 곳이었다. 혹시나 하는 마음에 조사를 해보니 놀랍게도 그 길은 문화원을 제외한 우리 학교의 나머지 공간에서 유일하게 그린벨트가 아닌 곳이었다. 즉 건축 허가를 받기 위해 관리계획 변경 승인을 받지 않아도 되는 땅이었던 것이다.

나는 감격스러운 마음에 성경책도 읽는 둥 마는 둥 하고 학교로 출근했다. 그리고 다짜고짜 행정실장과 행정실의 선생님에게 줄자를 들고 나를 따라오라고 하며 벽제문화원 건물 옆의 도로로 갔다. 도로를 따라 크기를 측정해보니 기숙사의 침실들을 문화원 벽에 붙여 도로 위에 건축하면 80여 명의 학생들을 수용할 수 있다는 결론이 나왔다. 나는 속으로 하나님께 감사의 말을 수도 없이 외치며 일을 빠르게 진행시켰다.

그린벨트와 벽제고등학교의 악연은 1988년 개교 첫해부터 시작되었다. 벽제고등학교 자리도 그린벨트 조건 때문에 학교를 지을 수 없었기 때문에, 현재 문화원 자리에 네 개의 교실과 화장실을 갖춘 2층짜리 건물을 짓고 첫해를 보냈다고 한다. 그 이후로 그린벨트 내의 고등학교의 설립이 가능해져서 벽제고등학교를 현재의 아이비관으로 이동하고, 2층짜리 임시 건물은 내가 부임하여 문화원 건물로 개조해서 쓸 때까지 창고로 방치되어 있었다.

나는 문화원 건물에 붙여 새로운 기숙사 건설을 추진했다. 공사업체를 찾으면서 나는 문화원 건물을 개조할 때 1층의 두 교실의 인테리어를 담당한 분을 다시 만날 수 있었고, 그분이 기숙사의 증축을 맡게 되었다. 이분은 먼저 문화원 건물을 증축하면서 건물의 상태도 파악을 마쳤고, 학교의 재정 상태도 잘 알고 계셨기 때문에 내가 부탁하는 대로 저렴하고 세심하게 건물증축을 진행하고 있었다.

그러나 언제나 가장 큰 문제는 공사기간이었다. 이 문화원은 이미 두 교실을 개조하여 기숙사로 사용하고 있었기 때문에 학기가 끝나고 방학이 되어야 공사를 시작할 수 있었다. 또 늘 그렇듯이 추운 겨울 기간에 공사를 해야 하는데도 나는 공사기간을 두 달밖에 줄 수 없었다. 담당자는 겨울공사는 원래 힘든 데다 2월에 설연휴가 있어 며칠동안 공사를 쉬어야 하기 때문에 너무 어렵다고 하였다. 그러나 나는 절박한 심정으로 미래관도 다섯 달 동안 지었고 푸른꿈 식당도 두 달 동안 지었는데, 기숙사 증축도 가능하다고 밀어붙였다.

결국 공사는 시작되었고, 다행히도 개학을 이틀 앞두고 모든 공사가 끝나 하루 전에는 깨끗하게 청소를 했다. 한 가지 흠이 있다면 아직 시멘트 냄새도 완전히 가시지 않은 새 건물이라는 것일까.

나는 이 기숙사의 이름을 지혜와 우정에서 빌어 지우관으로 짓고, 남학생 전용 기숙사로 삼았다. 지우관에는 1층부터 3층까지 침실이 있고 각층의 마지막 방은 공동 샤워장이었다.

벽제문화원 건물은 세월을 따라 세 번의 변화를 거쳐 이제는 지우관과 매점이 있는 이상야릇한 디자인의 건물이 되었지만, 벽제고의 역사를 간직한 자랑스러운 건물이다. 나는 이 건물을 볼 때 마다 세월에 따라 역사하시는 하나님의 손길을 느끼게 된다.

Structure 05

나는 비로소 유럽 여행 당시 떠올랐던 '미러클 듀엣'의 의미를 깨달았다. 하나님은 이미 고양외고가 어떻게 해야 이 풍파를 헤쳐 나갈 수 있을지 알고 계셨던 것이다.

고양외고의 쌍둥이 빌딩 준공

2003년 연말연시에는 여러 학교의 교장 선생님들과 유럽여행을 하게 되었다. 여자가 교장을 맡고 있는 경우가 드물기 때문에, 교장 선생님들과 여행을 가면 혼자 방을 쓰게 되는 일이 많다. 남자 선생님들은 내가 외로울까봐 신경을 써주곤 하는데, 나는 혼자 있는 시간이 무엇보다 소중하다.

학교는 항상 학생들과 교사들로 분주하고, 교장실은 결재와 회의로 사람들이 수도 없이 드나든다. 일처리가 정리되고 잠시 조용하다 싶으면 그 새를 못 참고 전화벨이 울린다. 하루 일과를 마치고 집에 돌아가면 아이들이 엄마 얼굴 잊어버리겠다며 나를 둘러싸고, 어떤 때는 지친 내게 이것저것 해달라며 들볶기도 한다.

　이렇게 정신없이 하루를 보내고 나면 하나님과 깊은 대화를 할 수 있는 시간이 부족하게 된다. 그래서 나는 새벽에 따로 시간을 내어 하나님께 기도를 드린다. 기도의 내용은 언제나 학교에서 일어나는 일들을 하나님과 의논하고 간구하는 것이다. 그러나 잠깐씩 시간을 내는 것만으로는 하나님의 깊은 음성을 듣기가 매우 어려워, 나의 영혼은 갈급함으로 헤맬 때가 많다. 그래서 때로는 학교 안에 있는 기도실에서 조용히 묵상도 하고, 시간을 내어 금식기도원에 가기도 한다.

　그런데 여행중에 홀로 독방을 쓰게 되면, 사람들과 부대낄 일도 없고, 시도 때도 없이 울리는 전화를 받을 일도 없다. 이럴 때면 하나님 앞에 홀로 앉아 긴 이야기를 할 수 있기 때문에, 내게 여행은 하나님과 며칠씩 독대할 수 있는 귀중한 시간이다. 하나님은 여행에도 함께하시고 어디에나 계시기 때문에 언제나 아버지라고 부르면 나에게 다정히 응답하시는 분이다. 깨끗하게 정돈된 호텔방, 말끔히 정리된 침구 옆에 무릎을 꿇고 앉으면 피곤한 나의 영이 쉼을 얻고 거칠어진 나의 마음이 평온해지는 것을 느낀다. 그래서 나는 여행을 다녀오면 새로운 비전과 아이디어가 떠오를 때가 많다.

　2003년의 유럽여행은 참으로 의미가 깊었다.

　12월 31일을 체코 프라하에서 보내기 위해 여러 선생님들과 오스트리아에서부터 끝없는 설경을 자동차로 헤치며 프라하로 전진했다. 순백의 설경은 조용한 숲들을 하얗게 덮고, 하늘에서는 풍성한 눈이 내려 광활한 숲과 대지를 덮었다.

　2004년은 체코의 유명한 음악가인 드보르작 서거 100주년이 되는 해라서 우리가 간 때는 신년 축하 공연이 드보르작 공연장에서 열리게 되었다. 나는 드보르작을 매우 좋아했고, 한창 감수성이 예민한 사춘기 때에는 드보르작의 현악 4중주 '아메리카'를 즐겨 들었다. 그래서 나이가 든 지금도 그 곡을 들으면 예전처럼 감수성이 예민해지는 경험을 하게 된다.

프라하에서의 신년 축하 연주를 하나님이 나에게 주신 위로라고 생각하며 2003년의 마지막 밤을 보냈다. 신년 새해 아침, 조용한 프라하의 호텔방에서 고개를 숙이고 하나님께 기도하는데, 마음속 깊은 곳에서 '건물을 지어라. 쌍둥이 건물을 지어라. 미러클 건물이 될 것이다' 라는 조용한 음성이 들려왔다.

나는 이상한 생각이 들었다. 이제는 8학급으로 모든 것이 완비되었고 새로운 건물을 지을 필요가 없는데, 왜 다른 건물을 지으라고 하시는 것일까? 그리고 새로운 건물을 지으려고 해도 땅도 없고, 그린벨트로 묶여 있어 건물을 짓는 것 자체가 어려운 일인데 왜 새로운 건물을 지으라고 하시는 것일까?

납득이 가지 않았지만 그래도 계속 하나님의 말씀을 묵상했다. 그러자 쌍둥이 빌딩을 지을 터가 마음속에서 떠오르는 것이었다. 푸른꿈 식당 옆에 아름다운 정원이 있는데, 그 정원을 따라 길게 건물을 지으면 2개의 건물을 세우고 두 건물 사이에는 구름다리를 놓을 수 있을 것 같았다.

미러클 빌딩, 나는 기도를 끝내며 혼자 미러클 듀엣이라고 흥얼거렸다. 듀엣은 이중창이므로 쌍둥이 빌딩을 표현하는 데는 잘 어울리는 이름이었다.

나는 학교로 돌아와 유럽 여행 보고를 하면서 새로운 건물에 대한 이야기를 했으나 교사들은 별다른 반응을 보이지 않았다. 예산도 없고 새 건물을 지을 계획도 없는데, 여행을 다녀온 교장이 난데없이 새 건물을 지어야 한다고 하니 어리둥절했을 것이다. 나는 생각난 김에 직원과 함께 미러클 듀엣이 들어설 땅을 측량해두었다. 그러나 학교에서 다시 바쁜 나날을 보내게 되면서, 당장 필요하지도 않은 새로운 건물에 대한 생각은 점차 잊게 되었다.

시간이 흐르면서 외고의 인기는 높아졌다. 평준화 정책을 불만스럽게 생각하는 학부모들은 그 대안으로 외국어고등학교를 선호하게 되었고, 이런 분위기를 타고 경기도의 여러 자치단체에서는 교육청과 협력하여 외국어고등학교를 설립한다는 계획을 연이어 발표하였다. 어떤 지방자치단체에서는 300억원을 들여 외국어고등학교를 설립하겠다는 계획을 언론에 보도하기까지 했다.

이런 소식들을 접한 나는 겁부터 났다. 온갖 어려움 속에서 간신히 고양외고를 꾸려가고 있는데, 300억 이상을 들여 최고의 시설을 확충한 외고가 대대적인 홍보에 들어가면 고양외고의 운명은 어떻게 될 것인가.

때마침 나를 잘 알고 있는 공무원 한 분이 만나자고 했다. 그분은 평소에도 "고양외고는 학교를 넓혀 이사를 가야지, 이곳은 벽제중학교와 고양외고가 함께 있기에는 너무 좁다"고 하시며 학교 이사를 권하시던 분이다. 그러나 한없이 치솟은 고양시의 땅값을 잘 알고 있는 나는 학교를 넓혀 이사를 간다는 것이 불가능하다고 생각했다. 그러자 그분은 땅값도 싸고 부지도 10만 평은 족히 되는 곳을 소개해주겠다고 하는 것이다.

　예산이 없어 이사는 불가능했지만, 얼떨결에 그분이 건네준 지도를 받아들자 어떤 곳인지 보기라도 해야겠다는 마음이 생겼다. 아무에게도 말하지 않고 혼자 그 땅을 보러 가는데, 목적지가 가까워질수록 묘지들이 눈에 띄기 시작했다. 그분이 권한 10만 평의 부지는 시립묘지와 공동묘지를 지나 산 속에 있는 땅이었다. 그러면 그렇지… 고양시에 싼 땅이 있다고 할 때부터 눈치를 챘어야 했는데.

　2004년의 이른 봄, 나는 서러운 마음에 공동묘지 앞의 땅에 서서 눈물을 흘렸다. 무한 경쟁 속에서 변화에 적응하려고 갖은 애를 썼지만, 계속 생겨나는 외국어고등학교에 대항해 고양외고가 경쟁력을 갖출 수 있는 방법은 없었다. 탈출구가 될 수 있을지도 모른다는 실낱같은 희망을 품고 찾아온 이 땅을 보니 이제껏 애써왔던 모든 것들이 물거품처럼 날아가버리는 기분이 들었다.

　나는 비로소 유럽 여행 당시 떠올랐던 '미러클 듀엣'의 의미를 깨달았다. 하나님은 이미 고양외고가 어떻게 해야 이 풍파를 헤쳐 나갈 수 있을지 알고 계셨던 것이다. 그리고 연약한 나에게 하나의 단서를 주시고자 쌍둥이 빌딩을 떠올리게 하신 것이리라. 나는 학급 증설을 결심하고 미러클 듀엣 프로젝트를 진행시켰다.

　우선 현재의 8학급 규모에서 한 학년에 12학급씩, 총 36학급이 되기 위해 필요한 것을 헤아려보았다. 가장 먼저 떠오르는 것은 36개의 일반 교실이었지만, 회화실, 과학실, 강당, 식당, 기숙사까지, 모든 것이 늘어나야 했다. 나는 새로 짓게 될 미러클 듀엣 건물의 한쪽은 여학생 기숙사로, 한쪽은 식당과 도서관으로 사용하고, 현재 본관으로 쓰는 미래관을 4층으로 증축하여 교실을 더 확보하기로 결론을 내렸다.

그렇게 하여 건축 비용을 산출하니 40억원 정도가 되었다. 게다가 우리 학교는 체육관까지 지어야 하는데, 그러자면 60억원이 필요했다.

60억원이라니. 교육부로부터 8억8천만원의 예산을 받아 이제까지 지원받은 예산 중 가장 많은 금액이라고 놀라워했던 때가 2년도 되지 않았다. 그런데 60억이라는 천문학적인 숫자의 예산을 어떻게 확보할 것인가.

때마침 묘한 소문이 들려왔다. 고양시에서도 다른 지방자치단체처럼 특목고를 세우려고 하는데, 외국어고등학교는 이미 설립되었기 때문에 예술고등학교를 설립하려는 움직임이 있다고 했다. 대상이 될 학교는 현재 사립중학교인 K여중으로, 학생 수가 줄어들어 폐교를 한 후 예고로 전환한다는 것이다. 그런데 고양시에서 그 중학교 재단에 100억을 지원한다는 이야기가 들려왔다. 사실여부를 확인하니, 고양시장은 예고를 신설하겠다는 의지가 확실했고, 학교재단에서도 예산으로 100억을 잡아 고양시와 경기도에 보조를 신청했다는 것이다.

사실을 확인한 후 나는 마음이 크게 상했다. 2002년에 모두의 무관심 속에서 벽제고를 고양외고로 전환했었다. 시에 5억 예산을 요청하고, 그나마도 배정이 되지 않을까 노심초사하여 시의원들을 찾아다니며 설득하느라 얼마나 마음고생을 했던가. 구걸하다시피 하여 내가 지원받은 금액은 5억인데, 어떤 법인은 100억원 지원을 요청하고, 시에서도 긍정적으로 검토하고 있다니.

나는 당장 사업계획서를 만들고 60억 공사의 예산 보조를 받기 위해 새로운 시장님을 만났다. 예상하지 못한 것은 아니지만, 시장님의 냉담한 반응에 다시 마음이 상했다. 고양외고는 사립학교이고, 이미 고양외고를 설립할 당시에 보조를 했으므로 예산을 편성하기 어렵다는 것이다. 여기에 더해 고양시의 세수가 줄어들어 예산이 매우 부족한 상태라 다른 일반학교에도 보조해줄 수 없는 형편이라고 덧붙이셨다.

나는 K여중에 대한 이야기는 하지 않고, 용인시와 동두천시, 의왕시에 대해 언급하면서 고양시보다 작은 지방자치단체에서도 좋은 외고를 만들기 위해 수십억 예산을 투자하고 있다고 말했다. 특히 앞으로 수원, 김포, 성남에서도 줄줄이 세워질 외국어고등학교에 대해서도 이야기했다. 그리고 수많은 지원을 받고 시작하는 다른 외고들과 고양외고를 비교하면서, 지금까지는 재단에서 애써왔지만 이제는 고양시에서도 관심을 기울여야 한다고 강조했다. 말을 끝낸 후 시장님께 20억 예산을 요청했지만, 시장님은 대답을 하지 않으셨고, 나는 어떠한 긍정적인 반응도 얻지 못한 채 돌아와야 했다.

그러나 나는 포기하지 않았다. 아무리 시장님이 마음을 닫았다고 해도 하나님이 허락하시면 기어이 그 뜻이 이루어질 것이라고 믿었기에, 온 마음을 바쳐 기도하기로 했다. 나는 매주 열리는 교사 신우회의 중보기도 팀에, 학부모 기도회에, 그리고 날마다 나의 기도에 제목을 넣고 예산이 확보될 수 있도록 하나님께 매달렸다.

기도와 함께 시의장님과 기획관리실장님, 청소년 담당관을 만나 도움을 요청하고, 관련된 시의회 의원님도 만나 설득했다. 마지막에는 우리 지역의 도의원님을 설득해 손학규 도지사님을 만날 수 있었다. 비록 짧은 시간이었지만 솔직하게 학교 사정을 말씀드리고 30억을 요청하는 한편, 학교에서는 건축설계사에게 미래관의 4층 증축과 미러클 빌딩의 설계를 부탁했다.

　나는 예산 보조를 위해, 학급 증설을 위해, 관리계획을 위해 시청에서 도청으로, 도청에서 교육청으로 이리저리 뛰어다니며 필요한 서류들을 갖춰가기 시작했다.

　경기도 교육청은 학급 증설을 위해서는 건물을 지어야 하므로, 건물을 지을 예산이 확보되었다는 증거가 필요하다고 했다. 또한 증설되는 학급만큼 수익용 기본재산도 늘어나야 한다며 각종 서류를 요청했다. 시청의 도시계획과에서는 그린벨트 내의 관리계획 변경 승인을 위해 필요한 서류들을 요구하며, 변경 승인의 당위성을 명백히 설명하라고 요구했다. 경기도에서는 교육청에서 학급 증설이 확정되어야 하며, 그린벨트 내에서 건축을 할 수 있는 관리계획 변경 승인도 확정된 후에야 보조를 해줄 수 있다고 이야기했다. 고양시는 예산이 부족하다며 지원이 어렵다는 이야기만 되풀이했다.

　고양시, 교육청, 경기도청이 삼각 구도를 이루고 있는 상태였지만, 어느 한 곳도 먼저 실마리를 풀려고 하지 않았다. 나는 세 곳이 서로에게 권한을 미루는 것을 보며 애를 태우고 있었지만, 하나님께서는 천천히 우리의 간절한 기도에 응답하고 계셨다.

　우선 경기도 교육청에서 학급 증설에 관한 인가승인서를 보내주었다. 나는 인가승인서를 들고 고양시에 찾아가 예산을 달라고 간청했다. 결국 시청은 요청한 20억 예산 중 5억원을 배정했다. 기대에 미치지 못하는 금액이었지만 더 이상 바랄 수는 없었다. 체육관은 이미 공사를 포기한 상태였지만, 학급 증설을 위해 계획한 40억원 중 손에 들어온 것은 5억 뿐이었다.

시에서 5억 예산을 배정받고 기존의 건물을 최대한 이용하여 2005년 3월에는 12학급의 신입생을 모집했다. 그 당시 교육부에서는 2008년 내신과 수능등급제를 발표했고, 외고의 경우는 내신 성적을 받는 데 불리하므로 한바탕 진통을 겪었다. 그런 상황에서도 나는 학급을 줄이기는커녕 4학급이나 늘렸고, 그래도 지원한 학생의 수가 많아 500여 명이 탈락했다. 이런 상황을 보면 고양외고의 인지도가 3년 사이에 꾸준히 높아진 것으로 판단할 수 있었다.

2005년에는 그린벨트 안에서 건축허가를 받아내기 위해 총력을 기울였다. 관리계획 변경 승인을 받기 위해 경기도와 제2청사에 매달리는 한편, 경기도로부터도 예산 지원을 받기 위해 최대한 노력을 기울였다.

마침내 건축허가를 받아내고, 나는 '미러클 듀엣'으로 불렀던 상상 속의 건물에 정식 이름을 붙였다. 한쪽은 그레이스관, 한쪽은 비전관이었다. 그레이스관에는 여학생 기숙사, 기숙사 독서실, 대회의실, 국제회의실, 음악실, 체력단련실을 넣었고, 비전관은 도서관과 3학년 전용 독서실, 식당을 갖춘 건물로 설계했다. 그리고 이 두 빌딩을 연결하는 연결통로까지.

설계사의 도면을 수없이 변경하면서 나는 최대한 효율적인 건물을 짓기 위해 아무리 사소한 것이라도 몇 번씩 검토했다.

여학생 기숙사는 4인1실로, 기숙사의 각 방마다 샤워실과 화장실을 설계했다. 각 층에는 우정의 방을 두어 여러 친구들이 모여 회의나 생일파티 등을 할 수 있게 배려했으며, 기숙사 학생들을 위한 전용 독서실은 3층에 배치했다. 공부하는 공간, 잠자는 공간, 쉬는 공간을 분리하고, 각 공간이 서로를 방해하지 않도록 하는 것이 이번 설계의 주된 목적이었다.

　그레이스관 1층에는 음악실을 두었는데, 소회의실로도 사용할 수 있도록 프로젝터와 음향시설까지 갖추었다. 음악실 옆에는 여학생과 여교사 전용 피트니스 센터를 두어 체력을 보강할 수 있도록 구상했다.

　특히 우리 학교는 외국인들이 자주 방문하기 때문에 국제회의실과 대회의실도 마련해야 했다. 국제회의실의 위층은 외국인들이 묵을 수 있는 침실과 식당을 구비했다.

　생활도 편하고 보기에도 좋은 건물을 만드는 데 총력을 기울일 무렵, 여의도에 갔다가 마음에 드는 창문 설계를 보고 일부러 길을 돌아가 그 건물에서 식사를 하며 내부구조까지 점검한 일도 있다. 예산도 확보되지 않은 상태에서 건축허가서 한 장만 가지고 나는 온갖 꿈을 다 구체화시키고 있었던 것이다.

　시간이 가도 예산 지원을 요청한 경기도에서는 소식이 없었다. 증설된 학급 수대로 2006년 신입생을 받으려면 여름방학부터 공사를 시작해야 했는데, 어느 정도의 예산을 받을 수 있을지 알 수 없는 상황이었기에 공사업체를 선정할 수도 없었다. 그렇게 여름방학의 귀중한 날들을 하루씩 초조하게 보내다가 가을로 접어들었다.

　어서 결단을 내리지 않으면 내년 3월에는 기숙사며 교실, 식당까지 모두 부족해질 것이 자명했다. 이러다가는 건물도 짓지 못하고 학생들을 실망시키겠다는 생각이 들어, 건축과 시설, 집기를 포함하여 35억 규모의 공사를 결정하고 공사 업체를 선정했다.

　공사가 시작된 것은 9월 30일. 내년 3월에 신입생을 받기까지 불과 5개월밖에 남지 않은 상황이었다. 공사 업체에는 불가능하다고 했지만 나는 언제나처럼 꼭 해야 한다고 주장했다. 건설회사의 담당자는 지나칠 정도로 관여하는 내게 짜증 한 번 부리는 일 없이 성실하게 건축을 진행했다.

비전관과 그레이스관은 지상 6층, 지하 1층 규모에 기계실까지 갖춘, 1000평에 달하는 건물이다. 이런 건물을 5개월에 안에, 그것도 겨울과 설연휴를 끼고 공사를 진행하니 내가 생각해도 나는 무모한 사람이다.

결국 입학식을 앞둔 2월 말까지도 공사는 끝나지 않았다. 담당자는 증축한 미래관 4층은 3월에 교실로 사용할 수 있으나, 그레이스관과 비전관의 기숙사와 도서관이 어렵다고 했다. 나는 기숙사의 완공일을 3월 1일, 도서관의 완공일은 일주일 연기하기로 결정했다.

기숙사 입소 1주일 전까지 계단은 완성이 되지 않았고, 복도의 벽면 페인트칠도 완성되지 않았다. 결국 아이들은 새 건물의 냄새가 확 나는 기숙사에 입주하게 되었는데, 다행히도 입소한 후에 학부모님들이 공기청정기를 각 방마다 한대씩 놓아주셨다.

10월이 지나서야 경기도지사님이 15억의 예산을 지원해주셨고, 나머지 금액은 고양외고의 자체 예산을 절약하여 어렵게 미러클 듀엣인 비전관과 그레이스관이 완공되었다. 건물은 예상외로 아름답고 웅장했다. 건물의 각 층은 비교적 천장을 높게 설계했기 때문에, 6층 건물이지만 실제 높이는 8층 정도로 보였다.

나는 건물의 꼭대기에 「고양외국어고등학교」라는 네온을 달았다. 이 사인은 미래관 꼭대기의 「세계를 향하여, 미래를 향하여」라는 사인과 함께 빛나, 멀리 있는 고양시청에서도 눈에 들어올 정도이다.

한동안은 학교를 방문하는 사람마다 그레이스관과 비전관을 보고 깜짝 놀랐다. 5개월 전만 해도 없었던 건물이 웅장하게 서 있으니 놀랄 법도 하다. 학교를 다시 방문한 졸업생들도 새로운 건물이 너무 좋다며 후배들을 부러워한다. 우스갯소리로 "꼭 학교는 졸업한 뒤에 좋아지더라!"라며 아쉬워하다가도, 졸업 후에라도 학교가 발전하는 것을 보면서 뿌듯해하는 것 같기도 하다.

비전관과 그레이스관은 36학급 규모의 고양외고를 뒷받침하는 상징적 건물로, 고양외고의 도약을 위해 하나님이 준비해둔 선물이었다.

Structure 06

나는 예전보다 더 아름다운 정원을 주신 하나님의 은혜에 한없는 감사를 드렸다. 사람들은 당장 있던 것이 없어지고 좋았던 것이 변하면 불평하고 속상해하지만, 하나님은 더 크고 더 좋은 세상으로 우리를 인도하시고, 우리에게 더 좋은 것을 주려 하신다.

건물뿐 아니라 자연도 필요하다

하나님은 언제나 우리에게 더 좋은 것을 주시고자 하는 분이지만, 우리는 익숙한 것이 변하는 데 불편함을 느낀다. 이번 미러클 듀엣 프로젝트의 진행도 마찬가지여서, 비전관과 그레이스관이 멋지게 들어선 것은 좋았지만 그 와중에 고양외고의 정원 일부가 파괴되었다.

학생들은 갑자기 우뚝 선 웅장한 건물을 보고 감탄했지만, 한편으로는 이 변화로 잃게 된 정원에 아쉬워했다. 이런 아쉬움은 나를 비롯한 교직원들도 똑같이 느끼고 있어서, 건물이 차지하고 남은 부분에 새롭게 정원을 조성해야 했다.

나는 학생들과 교사들에게 남은 공간으로 더 예쁜 공원을 만들 것이라고 말했지만, 내가 조경사나 정원사도 아닌데 어떻게 해야 할지는 막막했다.

내가 기댈 데라고는 결국 재단뿐이어서, 학교법인 지선학원에 정원사를 보내달라고 요청했다. 지선학원에서는 정원사와 함께 가로등 공사를 하는 전기공사장, 정원에 보도블록을 깔 공사장들도 보내주었다. 나는 함께 고민하면서 남은 땅을 이용하여 최대한 넓은 공원이 되도록 계획해줄 것을 당부했다.

그리고 국제 회의실을 인테리어 공사했던 실내 디자이너에게 나의 정원 아이디어를 이야기하며 정원 설계를 부탁했다. 정원 설계를 실내 디자이너와 의논한다는 것이 조금 우스웠지만, 정원 공사 전문업체에 의뢰하려고 알아보니 너무 높은 설계비를 요구했다.

며칠이 지나 디자이너가 대략적인 스케치를 보내왔다. 나는 이 스케치를 기본으로 하여 정원사와 전기공사장, 보도블록 공사장과 회의를 하여 두 곳에 정원을 조성하는 것으로 결정했다.

한 곳은 비전관과 그레이스관의 건물 앞에 장미공원을 조성하는 것으로 했다. 늦봄부터 가을까지 계속해서 피고 지는 장미 800여 그루를 색깔별로 심고, 건물 앞에는 철쭉을 심어 학생들의 입학철에 학교의 화사함을 더했다. 또한 잔디도 많이 심어 정원을 넓게 사용할 수 있도록 했다.

다른 한 곳은 옥상공원으로 계획했다. 미래관이 4층으로 증축되었기 때문에, 4층에 있는 학생들은 정원에서 쉬려면 1층까지 내려와야 했다. 그것보다는 4층 학생들이 옥상으로 올라가서 쉬는 것이 편할 것 같아, 4층 위에 공원을 조성하고, 이름을 하늘공원으로 붙였다. 이곳은 학생들이 이를 닦을 수 있는 수돗가를 설치하고, 봄부터 가을까지 피는 자생화 다년초를 심었다. 옥상 바닥에는 인조잔디를 깔아 푸르게 느껴지도록 했으며, 군데군데 벤치도 놓고 야간 조명등도 설치하여 운치가 느껴지도록 설계했다.

하늘공원이 먼저 마무리가 되었고, 장미공원은 생각보다 시간이 걸려 4월 중순에 완공되었다. 정원사는 정원에 남아있던 모든 나무들을 뽑아 다른 곳으로 일단 옮겨 심었다가, 중간 중간 필요한 곳에 한 그루씩 옮겨와서 다시 심었다. 잔디도 심고 큰 바윗돌도 군데군데 가져다 놓고, 강원도 시냇가에서 구르던 동글동글한 돌들로 장미화단을 빙 둘러 쌓았다. 정원 한쪽에는 서양식 원두막인 가지보(gazebo)를 설치했다. 사잇길에는 딱딱한 보도블록 대신 붉은 컬러의 아스팔트를 깔아 멋을 더했다.

장미공원은 완공된 후에 보니 예전의 공원보다 더 넓어진 느낌이 들었다. 붉은 지붕을 얹은 가지보는 언제나 학생들이 이야기꽃을 피우는 장소가 되었다. 한번은 남학생들이 가지보에 앉아있는 것이 눈에 띄어 "남학생들도 이런 데 좋아하니?" 하고 물어보니, "모두 다 좋아해요"라는 대답이 돌아왔다.

나는 "우리가 알거니와 하나님을 사랑하는 자 곧 그 뜻대로 부르심을 입은 자들에게는 모든 것이 합력하여 선을 이루느니라"(롬 8:28)라는 하나님의 말씀을 생각했다. 그리고 예전보다 더 아름다운 정원을, 그것도 웅장한 건물과 함께 주신 하나님의 은혜에 한없는 감사를 드렸다.

사람들은 당장 있던 것이 없어지고 좋았던 것이 변하면 불평하고 속상해하지만, 하나님은 지금 우리가 갖고 있는 것에 안주하는 것을 원치 않으신다. 하나님은 더 크고 더 좋은 세상으로 우리를 인도하시고, 우리에게 더 좋은 것을 주려 하신다.

저녁이 되면 그레이스관 1층의 음악실 앞에서는 풍물반 학생들의 사물놀이 연주가 시작된다. 매점으로 가는 학생, 농구를 하려고 운동장으로 뛰어가는 학생, 기다리는 친구 뒤로 살금살금 다가가는 학생들… 아이들은 예전보다 더 정돈되고 아름다운 정원에서 우정을 키운다.

나는 학생들이 치열한 경쟁 속에 매몰되기를 원치 않는다. 고양외고의 정원이 하루 종일 공부에 시달리는 학생들에게 여유를 안겨주고, 가지보에 앉아 책을 읽고 친구와 이야기하던 모습들이 오랫동안 미소를 지을 수 있는 학창시절의 소중한 기억이 되기를 바랄 뿐이다.

Structure 07

글로리아관에 들어온 졸업생들은 모두 기적을 보는 듯 감탄했다. 겨울방학을 지내고 학교에 오니 웅장한 체육관이 모습을 드러낸 것이 믿기지 않는다는 표정이었다.

외판원 강교장의 인내

            2004년, 학급 증설을 앞두고 나는 미래관의 증축과 그레이스관과 비전관의 건설을 계획하면서 체육관도 지어야 한다고 생각했다.

  우리 학교는 2001년에 국제관을 지으면서 2층을 다목적 강당으로 만들었다. 이 강당은 8학급이면 약간 여유가 있지만 12학급이 들어가기에는 비좁은 공간이다. 학급뿐 아니라 학부모와 함께 설명회를 개최하거나, 입학식과 졸업식을 생각하면 더 넓은 규모의 실내 체육관이 필요했다. 그래서 처음에는 60억원으로 예산을 잡고 체육관 건립도 계획했지만, 결국 예산 부족으로 그레이스관과 비전관만을 겨우 완성할 수 있

건물 하나하나 담긴 사연 **95**

었다.

  나는 체육관에서 1, 2학년 학생들이 함께 채플을 드리면 좀 더 열정적인 예배가 될 수 있을 것 같았다. 지금까지는 체육관이 없어 아쉬운 대로 국제관 강당에서 한 학년씩 채플을 드리고, 다른 학년은 각 반에서 방송 중계로 화면을 통해 예배를 드렸다. 그러나 교실에서 예배를 드리는 것은 현장감이 떨어져 집중이 잘 되지 않았다.

  채플이 어려움을 겪는 것은 벽제중학교도 마찬가지였다. 국제관의 강당은 고양외고와 가깝게 되어 있기 때문에, 벽제중학교는 전 학년이 모두 교실에서 채플을 드리는 형편이었다.

  나는 새롭게 들어설 체육관이 하나님께 영광을 돌리는 체육관이 되기를 소망했다. 그래서 건물의 이름을 글로리아로 짓고 설계까지 추진했지만, 예산 부족이라는 현실 앞에서는 어떤 것도 뜻대로 되지 않았다. 하나님께 기도를 드려야 한다는 생각을 못한 것도 아니지만, 그레이스관과 비전관의 예산도 확보하지 못한 상태에서 체육관의 예산을 위한 기도까지 드리기는 어려웠다.

  그런데 그레이스관과 비전관이 완공되기 전, 학교 운영위원장이 나에게 갑자기 최OO 교육위원님을 아냐고 묻는 것이다.

  나는 예산 문제로 여러 위원님들의 사무실 문턱을 닳도록 드나든 사람이라, 어느 위원님이든 이름만 대면 누군지 알 수가 있었다. 그래서 아는 분이라고 대답하고 왜 묻냐고 반문하니 최근 참석했던 교육사업 실적보고회에서 있었던 일을 이야기해주는 것이었다.

  이번 교육사업 실적보고회는 교육위원 두 분의 주관으로 각 학교의 운영위원들이 참석했다고 한다. 그런데 그 두 분의 교육위원이 경기도의 교육 예산 규모를 자랑하면서 경기도는 교육 예산 보조가 아주 많은 편이라고 말씀하시더란다.

　평소 운영위원장은 내가 늘 예산을 확보하기 위해 동분서주하는 것을 보아왔기 때문에, 교육위원의 말을 듣고 있다가 손을 번쩍 들고 "그렇게 예산이 많은데 우리 학교는 왜 도움을 주지 않습니까?"라고 질문했다고 한다. 당황한 최위원님이 어느 학교 운영위원이냐고 물어, 자신은 고양외고 운영위원장이라고 대답했는데, 최위원님이 고양외고에 대해 좋지 않게 이야기하면서 언제 예산을 부탁했었느냐고 되물었다고 한다. 운영위원장은 화가 나서 "최위원님은 외고에 대해 얼마나 잘 알고 있습니까?"라고 화난 목소리로 되물으면서 "예산을 부탁하면 보조는 해주실 것인가요?"라고 집요하게 밀어붙였다고 한다.

　물론 회의가 끝나면서 최위원님께 사과를 드리긴 했는데, 마음속으로는 우리 학교에 해라도 될까봐 신경이 쓰였던 것이다.

　나는 운영위원장의 말을 듣고 속이 후련해지는 기분이 들었다. 그리고 공개적인 자리에서 그렇게 닦달을 당했으면 한 번은 연락이 올 것 같았다. 그래서 위원장에게 "우리 사정을 잘 말씀해 주셨습니다. 이제 전화가 오든지 사람이 오든지 할 것 같으니 기다려 보지요"라고 말했다.

　그리고 여름방학이 거의 끝나갈 무렵, 모처럼 한적하게 교장실에 있는데 전화벨이 울렸다. 전화를 받아보니 최교육위원님이었다. 학교에 방문하고 싶다는 것이다. 나는 올 것이 왔다고 생각하며 편할 때 오시라고 했더니, 당장 그날 오후에 오신다는 것이었다. 그러면서 학부모님들도 같이 계시면 좋겠다고 덧붙이셨다.

　나는 전화를 끊고 운영위원장에게 최위원님의 방문 사실을 알린 뒤,

다른 운영위원들과 함께 오시라고 부탁했다. 그리고 한편으로는 행정실에 연락해 체육관 계획서와 예산서를 준비시켰다.

오후 2시가 되자 최위원님이 경기도 제2청의 관리국장님, 고양교육청의 관리과장님을 대동하고 학교로 오셨다. 나는 반갑게 맞이하며 교장실로 모셨고, 우리 학교 운영위원장님은 지난 봄 모임 때의 결례에 대해 다시 한 번 사과했다. 그러자 최위원님은 와보지 못해 죄송하다고 하시면서, 학교에 필요한 것이 있으시면 말씀해보라고 하셨다.

나는 기회를 잡았다고 생각하고 망설임 없이 체육관에 대해 말씀드렸다. 최위원님은 정색을 하면서 그렇게 큰 규모는 자신에게 권한이 없다고 하시는 것이다. 그래서 나는 "우리 학교는 고양외고와 벽제중학교를 합쳐 학생이 2500여 명이나 있고, 설립된 지는 35년이나 되었습니다. 그런데 아직 변변한 체육관조차 없습니다. 규모가 작은 것이라면 저도 하고 학교법인도 합니다. 도와주시려면 규모가 큰 체육관을 도와주세요"라고 간청했다.

그러나 나는 속으로 '될 리가 없다'는 생각을 하고 있었다. 그래도 관리국장님이며 관리과장, 교육위원까지 한자리에 있는 것이 어디 쉬운 일인가. 되거나 말거나 일단 말이라도 꺼내놓고 보자는 심정으로 지원을 요청한 것이다.

일단 관리국장님이 먼저 관심을 가지시며 건물을 지을 장소는 있느냐고 물으셨다. 그래서 "장소도 있고 그린벨트 내에서 관리계획 변경 승인도 받았습니다"라고 대답하자, 놀라는 표정을 지었다. 그분들은 교육청에서는 특목고에 지원을 하지 않는다고 말씀하시기에 나는 벽제중학교를 가리키며 중학교를 도와달라고 했다. 체육관 부지도 벽제중학교 옆에 있으니, 특목고 지원과는 관련이 없는 것으로 밀어붙일 수 있지 않겠는가.

내가 계속 도움을 요청하자 오신 분들은 모두 난감해하는 눈치였다. 그러면서 우선 체육관이 들어설 위치를 가보자고 하셨다. 나는 모든 분들을 중학교 옆에 있는 체육관 부지로 안내했다. 건물이 들어설 위치를 직접 확인한 사람들은 "정말 벽제중학교 옆에 있네"하면서 "벽제중학교라면 보조를 해줄 수 있을 것 같지만 당장은 어렵습니다"라며 떠나갔다.

그분들이 떠난 뒤 나는 막무가내였던 나의 행동이 우습기도 하고 속이 시원하기도 해서 여러 운영위원들과 함께 한바탕 웃었다.

그해 여름방학도 지나고 가을이 되었다. 경기도에서는 아직 그레이스관과 비전관 예산도 확정되지 않은 상태였다. 그러나 이 상황에서도 나는 자꾸 짓지 못한 체육관에 대한 미련이 생겼다. 마음 한 구석에서는 하나님이 체육관도 지어주실 것 같다고 생각했지만, 내가 아무것도 하지 않으면서 기적만 바라서는 안될 일이었다.

나는 고양시의 예산이 9월부터 준비하여 11월 말에 확정된다는 것을 알고 있었다. 그러나 예산 보조 부탁도 한두 번이고, 냉담한 시장님께 거절당한 것을 생각하면 기운이 빠졌다. 내가 편하기 위해 내 집 지어달라는 것도 아닌데, 여기저기 기웃거리며 외판원처럼 사정하는 것도 못할 일이었다.

그러나 기도를 하면 할수록 글로리아 체육관에 대한 생각은 커져만 갔다. '내가 조금 더 참고 학생들을 위해서 몸을 낮추고 한번 더 부탁을 하면 될 일다. 아쉬운 사람이 우물을 파는 것이고, 우는 아이 젖 한번 더 주는 법인데, 내가 가만히 앉아 있는데 예산을 싸들고 와서 도와줄 사람은 없지 않은가' 하는 생각이 자꾸 들었다.

나는 다시 용기를 내어 교사 신우회와 학부모 기도회에 체육관을 위해 기도해 달라고 부탁하면서, 하나님의 뜻이라면 학생들을 위해 외판원인들 못하겠냐고 생각을 다잡았다.

시청으로 무거운 발걸음을 옮겼지만, 시장님의 냉담한 반응을 혼자 견딜 엄두는 나지 않아 지역의 시의원님과 동행했다. 시장님은 나를 보자 귀찮은 호객꾼이라도 보는 듯 대하며 속상한 말을 꺼냈다. 나는 입이 떨어지지 않아 조용히 기도하는 마음으로 마주 앉고, 동행했던 시의원님이 열심히 내 대신 부탁을 하셨다. 나는 처량한 심정으로 앉아있다가 시의원님의 말이 끝나자 "시장님, 도와주세요"라는 말만 덧붙이고 예산서를 보여드렸다. 19억원으로 편성된 예산서는 고양시와 교육청, 그리고 학교 자체예산으로 나누어놓았다.

시장님은 고양시에 예산이 부족해서 다른 학교들도 도와주지 못하는 형편이라며 끝까지 도와주시겠다는 대답을 하지 않으셨다. 나는 마음속으로 '그렇게 말씀하셔도 하나님의 뜻이라면 시장님 마음이 변하실 겁니다' 라고 되뇌었다. 나는 시장실 문을 나서면서도 포기하지 않고 시의회 부의장님께 하소연했다. 부의장님은 시장님께 잘 말씀드리겠다고 위로해주셨다.

나는 돌아오면서 힘들고 속상한 일도 많지만, 하나님을 의지하고 용기를 내면 나를 도와주려는 사람도 많이 있다고 생각했다. 그리고 조만간 좋은 소식이 날아올 것이라는 미약한 기대를 간직했다.

그리고 11월, 고양시에서 5억의 예산을 배정했다는 소식이 전해졌다. 그리고 경기도 교육청에서도 5억 예산이 벽제중학교 체육관 예산으로 확정되었음을 알려주었다. 처음에는 공사비로 19억원을 잡았지만, 좀 더 규모를 축소하고 나머지 금액은 학교 예산으로 충당하면 글로리아 체육관을 지을 수 있게 된 것이다.

나는 '할렐루야!'를 외치며 너무 좋아 입가에 웃음이 떠나질 않았다. 시에서도, 도에서도, 교육청에서도 "사립학교는 재단에서 알아서 하라"는 식의 반응을 보이고 보조에 인색했지만, 하나님이 도와주시면 고양시의 학생들을 길러내는 데 그것이 무슨 장애가 되겠는가.

밀려드는 일 속에서도 체육관을 짓기 위해 힘을 내어 설계를 검토하고 필요한 법적 절차를 밟았다. 그레이스관과 비전관도 최초 설계도면을 수십 번씩 변경하여 지금의 건물을 완성했었다. 나는 누워있다가도 체육관을 떠올리며 다시 설계를 검토하고 필요한 것이 있으면 설계사에게 즉시 수정을 요청해 수십 번도 넘게 설계도를 고쳤다. 종이 위에서 수정하는 것이 건물을 짓고 나서 후회하는 것보다는 낫기 때문이다.

그러나 공사비가 17억으로 축소되면서 그만한 금액으로 체육관 규모의 공사를 하겠다는 건설업체가 나타나지 않았다. 건축설계사가 책정한 건축 내역서에는 실제 공사비가 총 32억으로 되어있기 때문에 경쟁입찰을 할 수도 없었고, 내역서를 본 업체에서는 선뜻 공사를 하겠다고 나서지 못했다.

나는 황금과 같은 시간을 보내며 조급해하고 있는데, 드디어 한 건설업체가 관심을 보였다. 실제 관계자들을 만나 공사비로 17억을 제시하자 엄두가 나지 않는다는 표정을 지었다. 나는 학교 발전기금이라도 모으겠다며 다시 18억을 제시했다. 건설업체에서 나온 이사님은 잠깐 생각하더니 공사를 맡겠다고 결정했다.

나의 마음은 기쁨으로 가득 찼다. 그리고 2007년에 치를 고양외고 3회 졸업식을 글로리아 체육관에서 해야겠다고 결심하고, 공사를 2월 초까지 마무리해달라고 요청했다. 이사님은 의외로 순순히 일정을 받아들이며 담담한 목소리로 "교장 선생님, 저는 이번 공사는 회사의 이익과는 별개로 진행할 생각입니다. 제가 지난주에 3일 동안 교회에서 특별기도를 올렸는데, 특별기도가 끝난 바로 그날 고양외고로부터 공사 제의가 들어왔기 때문입니다. 그래서 저는 이 학교 공사는 하나님께서 꼭 하라는 말씀으로 알고 하려고 마음먹은 것입니다"라는 이야기를 하는 것이 아닌가. 나는 감격으로 할 말을 잃었다. 하나님이 이 어려운 공사를 위해 미리 건설업체를 선정하고 마음의 준비를 시키신 것이다.

2학기가 시작되고, 곧 겨울이 다가올 무렵 드디어 건축허가가 났다. 9월 29일, 글로리아관의 공사가 시작됐고, 이번 겨울은 특히나 따뜻하고 날씨가 좋아 한겨울에도 공사는 차질 없이 진행되었다. 겨울로 접어들어 내가 공사를 책임지는 소장님께 2월 13일의 졸업예배에는 반드시 이 체육관을 사용해야 한다고 다짐을 받으려 하면, 소장님은 시간이 촉박하다고 걱정하다가도 날씨가 도와준다고 말하곤 하셨다

졸업식 일주일 전, 일꾼들은 새벽까지 공사를 진행하며 마무리 작업에 들어갔다. 그리고 2007년 2월 13일에는 3기 졸업생들을 위한 졸업예배가 오후 2시에 정상적으로 시작되었다.

글로리아관에 들어온 졸업생들은 모두 기적을 보는 듯 감탄했다. 겨울방학을 지내고 학교에 오니 웅장한 체육관이 모습을 드러낸 것이 믿

기지 않는다는 표정이었다. 그러나 나는 공사하시는 분들이 한겨울 내내 얼마나 수고했는지 알고 있었고, 무엇보다도 하나님께서 세심한 배려로 학생들의 졸업식을 도와주고 계신다는 것을 알 수 있었다. 하나님은 가장 좋은 때에 우리의 믿음에 응답하여 글로리아관을 선사한 것이다.

다음날 아침, 졸업식을 맞아 학부모님들과 졸업생들이 하나 둘 자리를 채우기 시작해 졸업식이 시작할 때는 체육관이 가득 찼다. 이번에는 고양시 시장님도 참석하셨다. 나는 미리 시장님께 참석을 부탁드렸었다. 고양외고에 대한 관심을 일으킬 수 있을까 싶어 말씀을 넣었는데 그에 응해주신 것이다. 시장님이 모든 학생들을 격려하며 악수를 해주시는 동안, 서운했던 나의 마음도 풀려갔다. 나는 학교 하나를 운영하는 것도 이렇게 어려운데, 시장님은 고양시라는 큰 살림을 맡아 하시는 분이니 그 고충이 얼마나 크겠는가.

글로리아관은 처음에 생각했던 대로 채플에 유용하게 쓰이고 있다. 중학교와 고등학교가 토요일에는 모두 이 체육관을 이용해서 채플을 드리게 된 것이다. 글로리아관은 그 이름처럼 앞으로도 계속 하나님께 영광을 돌리는 건물로 남게 될 것이다.

너는 알지 못하였느냐 듣지 못하였느냐 영원하신 하나님 여호와,
땅 끝까지 창조하신 자는 피곤치 아니하시며 곤비치 아니하시며 명철이 한이 없으시며
피곤한 자에게는 능력을 주시며 무능한 자에게는 힘을 더하시나니
소년이라도 피곤하며 곤비하며 장정이라도 넘어지며 자빠지되
오직 여호와를 앙망하는 자는 새 힘을 얻으리니 독수리의 날개 치며 올라감 같을 것이요
달음박질하여도 곤비치 아니하겠고 걸어가도 피곤치 아니하리로다
이사야 40 : 28 - 31

Teacher 03
인재를 키울
인재를 찾아서

Teacher 01

여러 선생님들과의 만남은 때로는 극적이고 때로는 일상적으로 일어났고, 교사를 찾는 일에도 주님의 도우심은 여실히 드러났다.

매년 4개월은 교사발굴중

나는 학교 교육의 성공을 위한 가장 중요한 요소는 교사의 질이라고 생각한다. 따라서 실력 있고 영성 깊은 교사들을 영입하기 위해 한 해의 1/3에 해당하는 4개월(11월~2월) 동안 좋은 교사를 만날 수 있게 해달라고 끊임없이 기도하며 교사들을 임용한다.

교사의 중요성은 벽제고에서 고양외고로 전환하면서 뼈저리게 느꼈다.

처음 고양외국어고등학교를 설립할 때, 학생들과 학부모들의 최대 관심사는 벽제고등학교의 교사가 그대로 고양외국어고등학교의 교사가 되는지 여부였다.

지역 주민들은 벽제고등학교에 대해 소극적이고 부정적인 인상을 받고 있었다. 나는 그동안 벽제고등학교가 지역에서 인정받지 못했던 원인이 교사에게 있다고 생각하지 않는다. 지역 주민들 스스로 벽제고등학교를 무시하고 우수한 학생들은 다른 고등학교로 진학시키고 있으면서 교사 탓만 하는 것은 이치에 맞지 않는 일이다. 그러나 그것을 납득시키기에는 그간 벽제고등학교의 진학 성적이 부진했던 것도 사실이었다.

벽제고등학교 3학년은 4학급이고 새로 선발되는 고양외국어고등학교의 신입생은 6학급이기 때문에 교사 충원은 불가피한 일이었다. 나는 어떻게든지 우수하고 능력 있는 교사들을 영입하여 벽제의 주민들에게 고양외고는 다르다는 것을 인식시켜야 했다.

고양외고에서 임용하는 교사들의 경력과 학력은 신입생뿐 아니라 지역의 예비 학부모들에게도 대단한 관심사였다. 최고의 대학, 다양한 경력 등 실력을 증빙할 자료가 많은 교사가 필요했지만, 그렇게 다 갖추어진 교사를 찾는 것은 여간 어려운 일이 아니었다.

나는 교감선생님께 12월부터 실력 있고 신앙이 좋은 공립학교 교사들을 찾아보라고 지시를 내려놓은 상태였다.

여러 선생님들과의 만남은 때로는 극적이고 때로는 일상적으로 일어났고, 교사를 찾는 일에도 주님의 도우심은 여실히 드러났다. 고양외국어고등학교를 설립하기 전부터 하나님은 한분 한분 훌륭한 교사를 보내주시며 외고로의 전환을 준비시키고 계셨다. 어떤 분은 직접적으로 강하게 "내가 이 사람을 너에게 보낸다"는 확신을 주시기도 하셨다.

나는 1998년 벽제중·고교 교장으로 부임한 이후부터 일주일에 한 번씩 전 교사가 소그룹으로 모여 성경공부를 하는 신우회를 조직했다.

교사 신우회를 강화하기 위해 기도하는 중에, 2002년도에는 하나님의 인도로 부산에서 교직생활을 하시던 박경란 선생님을 모시게 되었다. 중학교의 박경란 선생님은 2004년부터 인성지도부 부장으로 임명되어 신우회 관리, 아침 예배 준비, 부활절, 추수감사 연합 예배 계획 등, 벽제중학교의 신앙 향상을 위해 뜨거운 열정과 탁월한 능력으로 헌신하고 계신다. 특히 어려운 형편의 학생들에게 희망을 주고, 하나님을 소개하는 상담과 전도를 체계적으로 이끌고 계신다. 벽제중학교의 영적인 성장을 책임지는 선봉장 역할을 톡톡히 하고 계신 것이다.

벽제중학교에 박경란 선생님이 있다면, 외국어고등학교에는 나용운 부장님이 있다. 외고의 인성지도부 부장인 나용운 부장님은 사모님께서 지병이 있어 개인적으로 어려운 상태임에도 불구하고, 언제나 온화하고 헌신적인 태도로 학교의 영적 성장과 관련된 일들을 처리해 나가신다.

매년 11월 초가 되면 교원인사위원회가 조직되어 인터넷과 주요 일간지 등에 교사 모집 공고를 낸다. 그리고 2월 말까지 우수교사를 확보하고 신임교사를 연수하는 일이 나의 가장 중요한 임무가 된다.

2001년 11월, 그 해도 어김없이 교사를 찾는 광고를 내고, 수많은 서류를 검토하며 면접 날짜를 정했다. 며칠 동안 면접 릴레이를 하면, 마지막 날의 마지막 시간에는 나를 비롯한 모든 면접위원들이 지치게 되어 검토를 소홀히 하는 사태가 발생하게 된다.

그런데 그 해의 면접 마지막 날 새벽에 눈을 떠 침대에 누워있는데, 머릿속에 "가나안 농군학교"라는 뚜렷한 생각이 섬광처럼 스쳐갔다. 가나안 농군학교라니, 전혀 생각지도 않았던 말이 내 머리와 가슴을 가득 채웠다.

나는 출근해서 면접위원들과 커피를 마시며 오늘 새벽에 있었던 일을 이야기했다. 그리고 농담 삼아 교감선생님께 "하나님이 가나안 농군학교를 좋아하시는 것 같아요. 고양외국어고등학교 1기 학생들은 가나안 농군학교로 수련회를 가는 것도 좋을 것 같습니다"라고 이야기했다.

면접위원들끼리 몇 마디 말을 교환한 후 면접은 계속 진행되었다. 점심시간도 예정보다 늦어지고 오후 면접자들은 조금씩 미뤄지는 면접 시간에 초조하게 자신의 차례를 기다리며 앉아있었다. 그렇게 마지막 선생님의 면접 시간이 되었는데, 시간을 보니 5시가 넘었다. 면접 시간이 길어지면서 마지막 선생님은 무려 3시간이나 기다리게 된 것이다.

마지막 면접은 정규직이 아닌 기간제 영어교사를 찾는 것이었기 때문에 기다리던 분께 죄송한 마음도 들었지만, 한편으로는 빨리 끝내고 싶은 마음도 들었다. 그래서 면접지와 자기소개서를 무성의하게 훑어보는데, 내 눈에 갑자기 "가나안 농군학교"라는 글귀가 선명하게 들어왔다. 자세히 읽어보니 가나안 농군학교에서 비서직에 근무했었다고 경력을 소개하는 글귀였다. 나는 면접 전에 자기소개서를 모두 읽었음에도 불구하고 모두 기억을 하지 못했는데, 뜻밖의 메시지를 발견한 것이다.

나는 새벽에 내 마음을 가득 채운 가나안 농군학교라는 말의 의미를 알 수 있었다. '아, 하나님이 이 선생님을 나에게 보내시는구나' 나의 부족을 아시는 주님이 맨 마지막에 면접이 정해진 선생님을 내가 무성의하게 면접할 것을 아시고, 새벽부터 가나안 농군학교를 나의 마음속에 채우신 것이다.

다정하고 신중하게 면접을 마치고, 나는 면접위원들에게 이 경험을 이야기했다. 나는 바로 그 선생님을 임용했고, 지금 이 분은 고양외국어고등학교에서 근무중이다. 시간이 갈수록 나와 학교를 위해 하나님이 보내셨다는 확신이 드는 것은 두말할 나위도 없는 일이다.

한국 기독교학교연맹에서 보내주는 한국 기독교학교연맹 교사 신규 임용후보 신청자 명단도 내게 기독교 교사를 찾는 좋은 자료가 된다. 그런데 이 명단은 우리가 임용 절차를 시작하고 한참 후인 12월 중순이 되어서야 나오기 때문에, 처음 임용시에는 참고를 하지 못하고 2차나 3차로 교사를 구할 때 사용하게 된다.

한번은 2002년도의 신청자 명단을 훑어보고 있는데, 좋은 조건을 갖춘 교사를 발견하게 되었다. 나는 바로 전화를 걸어 우리 학교는 미션스쿨인데 학교에 와서 함께 일해보지 않겠느냐고 제의했다. 그런데 그 선생님은 "말씀은 고맙지만 저는 졸업하면 6개월간 먼저 선교지에서 선교한 후 교직생활을 하겠다고 하나님께 약속했습니다"라고 말하며, 6개월 후에도 기회를 주신다면 같이 일하고 싶다고 말하는 것이었다.

나는 이와 같은 대답을 듣고 기뻤다. 수많은 사람들이 교사가 되기 위해 초조하게 면접을 보는데, 이쪽에서 제안을 해도 하나님께 먼저 마음을 확정한 사람이야말로 내게 필요한 사람이며 우리 학교에서 꼭 함께 일할 사람이라고 생각했다. 잘 다녀오라고 말하며 전화를 끊고 6개월이 지난 후 나는 잊지 않고 다시 전화를 걸었다. 그 선생님은 놀라시면서 캄보디아에서 돌아온 지 이제 3일 밖에 되지 않았다고 말했다. 그리고 내 제의를 받아들여 우리 학교로 오시겠다는 결정을 내렸다. 그분은 하나님께서 보내주신 분답게 긍정적인 태도와 사랑과 실력으로 학생들을 지도하시고 계신다.

2002년 가을, 다시 교사 임용 시즌이 되었다. 제출된 서류 중에 좋은 조건을 갖춘 분이 있었다. 나는 그분을 면접 보던 중 어떤 신문의 광고를 보고 우리 학교에 서류를 제출했는가를 물었다. 그런데 이 선생님은 신문이나 광고를 본 것이 아니라, 평소부터 기독교 미션스쿨에 관심이 많아 미션스쿨마다 본인의 이력서와 자기소개서를 제출했다고 했다. 그게 공교롭게도 우리 학교의 교사 임용과 겹쳐 이 선생님의 지원서류도 임용 서류철에 끼어있었던 것이다.

나는 이 우연에 놀라 면접 후 그분의 서류에 대해 직원들에게 물어보았다. 그런데 그 서류는 행정실로 온 것도 아니고 중학교 교감선생님으로부터 전달받은 것이었다. 교감선생님은 그것을 없애려고 하다가 교사 채용 기간이라는 생각이 들어 행정실로 내려 보냈다는 것이다. 경력이나 신앙심을 봤을 때 하나님께서 보내주신 분이 틀림없었다.

나는 고양외고에서 일하려면 가까운 곳으로 이사를 오셔야 한다고 말했더니, 시원스럽게 이사를 결정하셔서 순조롭게 채용이 됐다. 현재 그분은 씩씩하고 착실하게 학생들을 지도하고 있다. 나중에 알고 보니 그 선생님의 부인은 초등학교 교사였는데, 이곳으로 이사를 오느라 초등학교 교사를 사임하고 고양시 지역에서 기간제 교사로 일하면서 다시 임용고시를 준비한다는 것이었다. 나는 헌신적이고 학교에 꼭 필요한 분을 하나님께서 알아서 보내주셨다고 생각하며 다시 한번 감사를 드렸다.

교사를 찾는 일은 단번에 쉽게 되는 일이 아니었다. 1차 때 모두 뽑는다고 생각하지만, 더 필요하면 2차에, 그래도 확신이 없으면 3차, 4차까지 연장하여 교사를 찾는다.

2003년의 새학기 준비를 위해 2002년부터 교사를 찾았는데, 2003년 1월이 되도록 영어 교사가 충원되지 않았다. 우리 학교는 영어과 4학급, 중국어과 4학급, 일본어과 2학급, 스페인어과 2학급인데, 국민공통과목에 있는 영어까지 가르치려면 영어 선생님이 많이 필요했다.

나는 영어 교사를 채우기 위해 다시 광고를 냈고, 훌륭한 학력과 경력을 갖춘 교사 한분을 만나 인터뷰를 했다. 그분은 유학을 갈지도 모르는 상태였고, 학회 일도 도와야 한다고 하면서 망설였다. 나는 함께 고양외고를 기독교 명문학교를 키우자고 설득하였고, 그 교사로부터 오겠다는 대답을 들었다.

그런데 그 교사가 마감 시간이 되도록 교사 임용 확정을 위한 서류를 제출하지 않았다. 나와 행정실장은 사라진 선생님을 백방으로 찾아보다가 그 선생님이 결혼을 하고 신혼여행을 다녀오느라 연락이 되지 않았던 것을 알게 되었다. 그 뒤로 간신히 연락이 되었지만, 안타깝게도 올 수 없게 되었다는 통보를 받게 되었다.

나는 크게 실망했지만 부랴부랴 영어 교사를 다시 찾았고, 3월이 되어 중학교와 고등학교 모두 정상적으로 수업이 진행되어 조금은 여유가 생겼다.

그러던 어느 날, 이메일 한 통이 날아왔다. 일전에 나의 채용 제의를 거절했던 그 교사가 미안한 마음과 후회하는 마음을 담아 보낸 안부 편지였다. 나는 마음을 가라앉히고 격려와 축복의 글로 답장을 보냈다.

1년이 지나고 2004년 새 학기를 위한 교사 면접이 시작되자 그 교사는 다시 임용서류를 제출했다. 그리고 이번에는 주저 없이 나의 초대에 응해 지금까지 헌신적으로 학생들을 지도하며 고3 담임까지 하고 계신다.

그런데 1년 뒤에는 그분의 아내도 국어 교사로 우리 학교에 임용되어, 부부가 학생들을 사랑하고 정성껏 지도하여 학교의 부부교사 1호가 되었다.

원래 나는 부부교사를 원치 않았고, 앞으로도 학교 내에서 처녀 총각 교사가 좋아하게 되어 결혼하게 되면 나는 한 분에게 전근을 권고할 것이다. 학교를 위해서는 학교 안에서 처녀 총각 교사들이 결혼하는 것은 삼가는 것이 좋겠다는 것이 평소 내 생각이기 때문이다.

그런데 이번에는 그 생각을 깨고 이 부부교사를 학교로 초대한 것이다. 나는 이 사건을 하나님의 인도하심이라고 생각했고, 하나님의 인도하심이 있다면 언제나 나의 방침과 경험을 내려놓아야 하는 것이 맞다.

그리고 이 결정은 나 스스로도 정말 잘한 일이라고 평가한다. 이 부부교사들은 학생들을 위할 뿐만 아니라, 주중에는 자신의 가정을 개방하여 학교와 학생, 그리고 교사들을 위한 기도처로 제공하고 있다. 또한 부부교사로서 다른 교사에게 비난받을 만한 일을 하지 않으며, 이 분의 아내인 국어 교사가 상담을 통해 많은 아이들의 영혼을 풍성하게 해주고 있다는 것을 알게 되었다.

이런 일들을 보면, 하나님은 나의 생각과 마음을 아시는 분일 뿐 아니라, 나의 죄악과 연약함까지도 아시는 분이 아닐 수 없다.

Teacher 02

대부분의 학생들은 일본어와 중국어를 고등학교에 와서 처음 접하게 된다. 그런데 한국말을 잘 모르는 원어민 교사가 가르치면, 학생들에게 무엇을 어떻게 가르쳐야 하는지 잘 몰라 교육의 효과가 적다.

원어민 교사를 찾아라

벽제고가 외고로 전환하면서 교사를 모집할 때 가장 어려웠던 것은 원어민 교사를 모집하는 일이었다. 영어, 중국어, 일본어과 교사들을 모집해야 하는데, 어디서부터 어떻게 알아봐야 할지 난감하였다.

그나마 영어 원어민 교사는 내가 미국에 오래 있었으니 미국에 가서라도 데려올 수 있을 것 같았고, 중국어 원어민 강사는 아주 어려우면 중국 동포에게라도 맡길 수 있을 것이라고 생각했다.

문제는 일본어 교사였다. 일본은 우리보다 물가나 인건비가 비싼데, 우리가 주는 수업료를 가지고 원어민 교사를 구할 수 있을지 확신이 없었다. 나는 불안한 마음이 들어 만나는 분들마다 교사 모집을 위해 기도해 달라고 부탁을 드렸다.

그런데 얼마 지나지 않은 늦가을 어느 날, 행정실 직원이 나에게 일본에서 두 명의 손님이 오셨다고 전했다. 나는 순간적으로 하나님께서 나에게 일본 손님을 보내신다는 생각이 들었다. 그게 아니고서야 그때까지 몇 년 동안 일본과 관계를 맺은 일도 없고 일본 손님을 초대한 적도 없는데, 이렇게 불쑥 예고도 없이 일본 손님이 찾아올 일이 없었다.

나는 반갑게 손님을 맞이하였는데, 한 분은 일본에서 목회하시는 한국인 목사님이고 한 분은 그분과 동행한 일본인 사업가였다. 그 목사님은 자신의 교회 교우분의 자제가 한국의 고등학교에서 잠시 공부하고 싶어 하는데, 우리 학교가 외국어고등학교가 된다는 소식이 들려 살펴보러 왔다고 한다.

나는 우리 학교는 내년이 되어야 외국어고등학교가 되고, 그 학생은 이미 1학년이니 내년에 전학을 와야 하는데, 외고의 경우는 2학년이 없기 때문에 지역의 다른 학교에 가는 것이 좋겠다고 권고했다. 그분에게 지역의 명문 고등학교를 소개해드리고 나서 나는 고양외국어고등학교에서 수고해주실 일본어 원어민 교사를 소개해달라고 부탁드렸다. 그러자 동행했던 일본분이 한국어도 익숙하시고 사업차 한국에 자주 오게 되니 알아보겠다는 긍정적인 대답을 했다.

그분들과 연락처를 교환한 후 배웅하고 나니 문득 걱정이 됐다. 처음 만난 사람들이기도 하고, 굳이 책임을 져야 하는 일도 아니고, 자기 나라의 일도 아니니, 그 사람들이 아무런 연락을 주지 않는다고 해도 원망할 일은 못되었다.

정말 그분들이 교사를 찾아줄 것인지 불안한 마음으로 며칠을 보내는데, 일주일 정도 지난 오후에 전화가 울렸다. 전화를 받자 "모시모시"하며 일본인 사업가의 목소리가 들렸다. 나는 기쁜 마음으로 안부를 묻고 원어민 교사를 찾았는지 여쭤보았다. 그분은 원어민은 아니지만 일본에서 와세다 대학과 대학원을 나온 한국 여성이 있다고 했다. 잘 아는 사이이니 원하면 소개해주겠다고 하여, 나는 고맙다는 인사를 하고 이메일에 약력과 자기소개서를 넣어주면 연락하겠다고 말씀드렸다.

며칠 후 이메일이 왔는데, 놀랍게도 이분은 한국에서는 총회신학대학을 다니셨고, 일본에 가서도 공부를 열심히 하여 와세다 대학을 졸업한, 신앙과 실력을 겸비한 분이었다. 마음에 걸리는 점이 있다면 일본인 원어민이 아니라는 것이었지만, 1년 후에 보니 그것이 오히려 학생들에게는 다행스러운 일이라는 것을 알게 되었다.

이것은 원어민 교사를 영입했던 중국어과 학생들과 비교하면 쉽게 알 수 있었다. 중국인 원어민 교사는 서울대학교의 박사과정에서 한국어를 전공하시는 분으로, 중국어, 영어, 한국어를 비롯해 프랑스어까지 하시는 분이었다. 중국에서는 외국인에게 영어로 중국어를 가르친 경험도 있는, 나무랄 데 없는 선생님이었다.

이렇게 훌륭한 중국인 원어민 교사였지만, 1년 후에 보니 중국어과 학생들이 일본어과 학생들보다 기초가 부족한 것을 발견했다.

대부분의 학생들은 일본어와 중국어를 고등학교에 와서 처음 접하게 된다. 그런데 한국말을 잘 모르는 원어민 교사가 가르치면, 학생들에게 무엇을 어떻게 가르쳐야 하는지 잘 몰라 교육의 효과가 적다. 그래서 오히려 1학년 신입생들에게는 한국인 교사가 전공어를 가르치는 것이

효과적인 것이다.

그 이후 우리 학교는 1학년 때는 영어를 제외한 중국어, 일본어, 스페인어(2005년 신설)과 학생들에게 한국 교사가 확실히 가르치도록 하고, 2학년이 된 후에 원어민 교사가 지도하도록 했다. 1년 동안 외국어를 한국 교사에게 배우면, 2학년 때는 원어민 교사에게 듣고 배우는 것이 한층 수월해지기 때문이다.

중국어와 일본어 교사를 구하고 마지막에 미국인 교사를 구했다. 그런데 가장 쉽게 생각했던 미국인 교사를 찾는 것이 만만치 않았다.

마침 12월 말에 식구들과 함께 미국을 다녀오게 되어, LA타임즈에 광고도 내고 캘리포니아주립학교(UCI)의 ESL담당자에게도 교사 소개를 부탁드렸다. 그런데 귀국할 때가 다가와도 적당한 교사를 구할 수 없었다. 나는 ESL담당자에게 전화를 해서 독촉했지만, 우리가 제시한 조건이 좋지 않다며 사람을 구하기가 쉽지 않을 것 같다고 했다.

하루가 지나 다시 초조한 마음으로 담당자에게 전화를 하자, 이번에는 인터넷 사이트를 하나 알려주었다. 알려준 곳을 접속하니 그곳은 영어 교사를 찾는 사이트였는데, 놀랍게도 대부분이 한국의 학원에서 영어권 외국인 교사를 찾는 장소였다. 이번에는 하나님이 내게 직접 물고기를 잡아주지 않고, 아예 낚시터를 알려주시는 듯 했다.

나는 이곳을 통해 옥스퍼드 출신의 한국인 1.5세인 한나 선생님을 찾게 되었다. 우리 학교는 그 이후에도 영어 원어민 교사가 계속 충원됐는데, 그 때마다 이 홈페이지를 이용하여 어렵지 않게 교사들을 찾을 수 있었다.

Teacher 03

아는 사람 하나 없는 낯선 벽제에 들어와 하나님만 의지하며 지낸 세월이었다. 하나님은 필요할 때마다 적절한 인재를 내 주위에 보내주셨고, 그로 인해 지금은 수많은 사람들을 알게 되었다.

고인 물을 흐르게 하다

새 일을 행하시는 하나님은 부족한 나를 날개에 태우시며 함께할 교사들을 보내주셨다. 그러나 회자정리(會者定離), 만남이 있으면 헤어짐이 있다. 나는 수많은 선생님들과 기쁜 만남을 갖기도 했지만, 그만큼 아쉬운 이별도 많이 겪었다.

1998년에 벽제중학교와 고등학교의 교장으로 임명받을 때, 내 나이가 39세였다. 나는 교직원들과 적응하면서 어렵고 힘든 일이 있으면 박기홍 행정실장님과 의논하곤 했다. 그러나 시간은 무심히 흘러 2003년 12월, 박실장님은 정년퇴임을 하게 되었다.

박실장님의 후임은 벽제고등학교의 교무부장으로 계시던 전인환 부장님으로 정해져 2004년 1월부터 행정실장 업무를 맡기로 하셨다. 그러나 얼마 되지 않아 전실장님이 직장암 선고를 받는 충격적인 일이 생겼다. 나는 일을 그만두려 하는 전실장님을 만류하고 함께 기도하면서 이 어려움을 이겨내자고 강력히 주장했다.

전실장님은 병가를 내고, 나는 다시 박실장님께 임시로 행정실장 대리로 근무해줄 것을 부탁드렸다. 그렇게 병가를 연장하면서 1년 이상 버텼지만, 정식 행정실장의 빈자리는 너무 컸다. 나는 결국 2005년 3월에 공주의 명문고인 한일고등학교에 계시던 류창상 실장님을 모셔오게 되었다.

나는 학교를 떠나 가끔 여행을 하는데, 이럴 때마다 새로운 생각을 떠올리거나 어려운 문제를 해결할 수 있는 실마리를 얻어내곤 한다. 그래서 농담 삼아 주변 사람들에게 "가끔씩 나를 비행기에 태워 해외에 보내면 문제를 해결할 실마리를 찾든지 새로운 아이디어를 얻어올 것이니 여행 좀 보내주세요"라고 이야기하곤 한다. 나병찬 교감선생님을 찾을 때도 2003년 연말에 떠난 유럽여행에서 해결의 실마리를 찾았고, 류창상 실장님의 경우도 2004년 가을에 떠난 일본 대학 방문길에 추천을 받았다.

류실장님이 계시던 한일고등학교는 15학급 규모로, 학생 수는 500여 명이 되는 소규모 학교이다. 그러나 전교생 기숙사 생활 체제에, 졸업생의 절반 이상이 서울대와 연·고대 등 유명 대학으로 진학하는 명문학교이다. 나는 점점 커져가는 우리 학교의 살림을 맡아줄 실력 있는 행정실장님이 필요했는데, 하나님께서는 적절한 분을 예비하신 것이다.

우리는 류실장님을 모시기 전 병가를 낸 전실장님의 쾌유를 빌며 기도에 전념했지만, 하나님은 결국 2005년 4월에 전실장님을 하나님의 곁으로 데려가셨다. 50대 초반의 나이에 가신 그분과 가족들의 일을 생각하면 안타깝기 그지없다. 황무지 같은 벽제고등학교에서 학생부장과 교무부장을 역임하시고, 벽제고가 고양외고로 전환하자 더 공부를 해야겠다며 뉴질랜드까지 다녀오셨는데, 그 재량을 마음껏 펼치지도 못하신 것이다.

그러나 사람의 힘으로 어쩔 수 없는 일이기에, 남은 사람들은 다시 힘을 내 언젠가 그곳에서 다시 만날 날을 기대하며, 류실장님과 함께 고양외고의 일에 전념하고 있다.

벽제고등학교를 고양외국어고등학교로 전환하면서 나는 좋은 교사를 모집하기 위해 박은배 교감선생님에게 기독 교사들을 찾아보라고 부탁했었다.

그렇게 해서 만나게 된 분 중 한성과학고등학교에 계시던 김대진 부장님이 있다. 박교감님께 전해들은 말로는 아직 김부장님이 결심을 하지 못했다고 하여, 2002년 신년 초에 직접 김부장님을 만나러 한성과학고를 방문했다. 함께 일할 것을 권하고 돌아와서 기도하는데 김부장님이 나의 초대에 응하셨고, 고양시로 이사를 오겠다는 대답을 하셨다.

나는 기쁜 마음에 한성과학고의 배희병 교장선생님을 만나 뵙고 먼저 학교 사정을 말씀드린 후, 김대진 선생님을 모셔오겠다고 밝혔다. 나는 죄송스러운 마음으로 부탁을 드린 것인데 배교장님은 호탕하게 웃으시며 "필요하시면 데려가십시오. 제가 도울 수 있으면 도와드리지요"라고 쉽게 허락하셨다. 나는 죄송한 마음 반, 고마운 마음 반에 배교장님께 인사를 드리고 기쁜 마음으로 김대진 선생님을 모시게 되었다.

김대진 선생님은 첫해에 드림팀 부장과 국제교육부 부장이라는 두 가지 일을 하시며 헌신하시다가, 3년째부터는 교무부장으로 수고를 해주셨다. 김부장님은 교회에서는 장로의 직분까지 받게 되어 정신없는 나날을 보내게 되었는데, 나는 따로 도와드릴 수 있는 것이 없어 하나님께 많은 도움을 주십사 기도할 뿐이었다.

2005년 늦겨울, 김부장님은 나에게 하실 말씀이 있다고 하셨다. 나는 선생님들이 조용한 목소리로 할 말이 있다고 하면 은근히 걱정이 되곤 했다. 듣고 보니 김부장님의 사모님은 공무원인데, 국가에서 보조하는 외국 유학시험에 합격하여 부인이 프랑스 파리로 유학을 떠나게 되었고, 모든 가족이 함께 떠나게 되었다는 것이었다.

나는 이것이 바쁘게 일하시던 김부장님을 위한 하나님의 뜻임을 깨달았다. '그래, 김부장님은 그간 너무 바쁘셨지. 외국에서 가족들과 모처럼 여유 있는 시간도 갖고 가족과 함께 있는 시간의 즐거움도 누리실 때가 되었다. 그래서 하나님이 이런 기회를 주셨구나.'

출국 시기를 물으니 3월부터 학기가 시작된다고 하여 2월까지 모든 일을 마무리하시도록 하고 좋은 시간 가지시길 바란다고 격려했다. 김부장님은 2월 중순까지 하셨던 일을 충실하게 마무리하시고 프랑스 파리로 가족과 함께 떠났다. 나는 떠나는 김부장님께 2년간의 휴직을 드렸다. 김부장님은 요즘도 간간히 이메일로 파리 소식을 알려주시곤 한다.

2004년 1월, 박은배 교감선생님께서 긴히 하실 말씀이 있다고 교장실을 찾았다. 교감선생님은 "생각지도 못했는데 안산에 있는 정보상업고등학교에 교장으로 초청되어 그곳으로 가게 될 것 같습니다"라고 말씀하셨다. 나는 놀랐지만 곧 마음을 가다듬고 "축하합니다, 잘 되셨네요"라고 대답했다. 교감선생님은 죄송하다고 거듭 말씀하셨다. 만감이 교차하는 순간이었다.

박은배 선생님은 동작고등학교에 계시다가 2000년 9월에 벽제고등학교의 교감으로 부임하셨다. 벽제고가 고양외고로 전환되는 힘든 시기에 누구보다도 많은 애를 썼고, 교사 신우회를 일으키는 데도 큰 힘이 되신 분이다.

하나님은 어찌하여 이런 일을 만드시는 것일까. 의문이 생겼지만 나는 박교감님을 보내드려야 한다는 것을 알고 있었다.

내가 가진 원칙 중 하나는, 나와 함께 있다가 더 좋은 곳으로 가는 사람을 붙잡지 않는 것이었다. 그분의 발전을 위해 기쁘게 축하하며 보내드리는 것이다. 그러나 더 사정이 좋지 않은 곳을 선택해 떠나려고 하면 나는 시간을 갖고 좋은 시기가 올 때까지 기다리고 노력하자며 붙잡곤 했다. 박교감님은 더 나은 곳으로 가려 하고 있고, 나는 박교감님을 잡을 수 없었다.

나는 주님께 길을 물었고, 주님은 내게 몇달 전의 일을 상기시켰다.

몇달 전, 아버지께서 동두천에 있는 고등학교의 교장을 맡으실만한 분이 없는지 물으셨다. 그래서 평소에 존경하던 J교장선생님께 좋은 분이 있느냐고 여쭈어 보았다. J교장님은 "한분이 떠오르긴 하는데 그분 사정이 지금 어떤지 모르겠네요"라고 말씀하셨다.

그런데 내가 아버지의 부탁을 받고 한달 정도가 지난 후에 J교장님께 말씀을 드렸기 때문에, 아버지가 이미 좋은 분을 찾았을지도 모른다는 생각이 들었다. 아버지에게 연락을 해서 아직 교장선생님을 구하지 못하셨냐고 물었는데, 아버지는 가까이에 좋은 분이 있으니 염려하지 말라고 하셨다. 그래서 곧 J교장님께 전화를 드려 그분에게 이야기를 꺼내지 말라고 해놓았었다.

나는 박교감님과 대화를 마친 후 J교장님께 전화를 했다. 이번에는 우리 학교에 교감선생님을 모셔야 하는데, 예전에 말씀하신 그분에게 부탁을 드릴 수 있는지 물었다. 그리고 이번에는 그분의 실력과 인격, 영성에 대해 주의 깊게 물었는데, J교장님은 나의 질문에 자세히 대답해 주시며 그분을 적극적으로 추천하셨다. 그런데 지금 그분이 영국에 계셔서 우선 연락을 취한 뒤 다시 전화를 주시겠다고 하셨다.

며칠 후 J교장님은 그분이 한국에 돌아와 나를 만나고 싶어 하신다고 전했다. 나는 그분의 이력서와 자기소개서를 받고 "하나님, 저는 어리고 부족합니다. 이 큰 학교에 교장으로 있기에는 너무 부족한데, 좋은 분을 보내주셔서 함께 고생하며 하나님의 일을 하도록 도와주세요"라고 간절히 기도했다.

얼마 후, 이제까지 내가 보았던 한국사람 중에서 가장 키가 큰 신사 한 분이 내 앞에 나타났다. 서울 화곡고등학교 초창기 멤버로 화곡고등학교를 명문으로 만드는데 일조하셨고, 이화여고와 이화외고에서 연구부장과 학년부장을 지냈던 분이었다. 실력 있고 영성 깊은 나병찬 교감선생님을 나는 그렇게 만나게 되었다.

나는 나교감님께 신앙 안에서 교육자로서 함께 고생하는 동료가 되어

달라고 부탁했다. 우리 학교는 아침 7시부터 밤 11시까지 학생과 함께 해야 하는 시스템이라 고생은 많을지라도 비전이 있는 학교이고, 하나님의 영광을 위해 세워진 학교라는 것을 강조하였다. 나교감님은 흔쾌히 내 제안을 받아들여 이곳으로 이사하셨고, 그 이듬해부터는 아예 우리 학교 내에서 생활하시면서 고양외고의 파수꾼 역할을 하신다.

나교감님은 유머와 성실, 그리고 실력을 겸비한 분이라 부임 즉시 학생과 학부모의 마음을 사로잡았다. 학교설명회라도 초대되어 갈 일이 있으면 어쩌나 열심히 설명하시는지, 학부모들의 칭찬이 자자하다.

하나님이 하시는 놀라운 일은 사람의 지혜로 측량하기 어렵다. 박은배 교감선생님을 보내셔서 나처럼 부족한 사람과 함께 고생시키다가, 좋은 곳의 교장으로 영전시키셨다. 그리고 고양외고가 도약하기 위해 더 많은 수고와 고생이 필요한 때 나병찬 교감선생님을 보내셔서 하나님의 귀한 일을 함께 하게 하시니, 고양외고는 진정 하나님의 것이라는 생각이 확실히 들었다.

고양외고는 겨울방학 중에 학년별로 담임연수와 부장연수를 하고 3월에 새 학기를 맞이한다. 담임연수는 3학년, 2학년, 1학년 담임 순으로 하게 되는데, 2005년 초 2학년 담임연수를 시작하려 할 때 송보경 선생님이 머뭇거리며 나에게 할 말이 있다고 했다. 이야기를 들으니 남편이 선교사를 지망하여 미국 콜로라도에 있는 학교에 지원했는데, 얼마 전 합격통보가 와서 송선생님도 더 이상 학교에서 근무하기 어렵다는 것이다.

학년별로 담임연수를 하며 신학기를 맞이하려는 이때에 사임한다고 하니 매우 큰 일이 아닐 수 없다. 작년 겨울부터 올 봄까지, 4개월 동안 신임 교사를 찾고 연수를 시키며 점검을 하는 시기에 경력교사가 사임을 하면 그 자리를 대신할 사람을 어디서 어떻게 찾아야 한단 말인가.

송선생님은 2년 전 우리 학교에 부임하여 2학년과 1학년 담임을 맡았던 쾌활한 여교사였다. 고등학교 교사인 남편과 작년에 결혼했는데, 두 부부의 신앙이 독실하다는 것은 알았지만 이렇게 선교까지 결심한 줄은 몰랐다.

나는 당황했지만 마음을 가라앉히고 "이렇게 갑자기 새 학기를 앞두고 학교를 그만두면 어떻게 하나요. 하나님의 뜻인 것이 확실한 것 같습니까?"라고 되물었다.

송선생님은 "저는 고양외고가 너무 좋고, 이곳에서도 얼마든지 학생들을 상대로 전도할 수 있기 때문에 떠나야 한다고 생각하면 서운합니다. 남편이 선교훈련학교에 응시를 한다고 했을 때까지만 해도 학교를 떠나야 될 줄은 몰랐어요. 이제까지 한국 사람들이 한 번도 합격하지 못했다는 얘기를 들어서 당연히 합격통지가 오지 않을 것이라고 생각했었으니까요. 그런데 이렇게 합격통지를 받게 되어 저도 당황스럽고 어떻게 해야 할지 모르겠는데, 남편은 선교를 꼭 하고 싶어합니다"라고 대답했다.

나는 직감적으로 하나님이 이 부부를 쓰시려 한다는 생각이 들었다. 그래서 순순히 수락했지만, 시간도 얼마 없는데 새로운 교사를 찾을 일을 생각하면 불안하여 붙잡아야겠다는 생각도 들었다. 그러나 하나님이 쓰시겠다고 하면 언제든지 하나님이 쓰실 수 있도록 보내드려야 한다. 그렇게 하면 뒷일도 하나님께서 순조롭게 풀어주시리라.

긴 하루가 지나고 새벽이 되자 나는 무릎을 꿇고 기도하면서 하나님의 뜻을 물었다. 하나님은 송선생님을 보내고 하나님께 의지하라고 말씀하시는 것 같았다.

나는 그 다음날 아침, 교감선생님께 "송보경 선생님을 보내야 할 것 같습니다. 하나님이 쓰시겠다고 하면 보내야지요. 붙잡지 마세요"라고 말씀드렸다. 송선생님도 고양외고에 있었던 경험이 정말 좋았다는 말을 거듭하며 남편과 함께 미국으로 떠났다.

송선생님 부부는 말레이시아에서 선교훈련을 받고 본격적으로 선교사로 헌신하기 위해 올해 여름에 다시 한국에 돌아왔다. 덕분에 송선생님은 여름 보충수업에 다시 우리 학교 학생들을 가르칠 수 있게 되었다.

하나님은 수많은 만남과 헤어짐을 주관하시지만, 결국 모든 것이 합력해서 선을 이루도록 하신다. 나는 여러 가지 일들이 시기에 맞추어 이루어지는 것을 보면서 매번 하나님의 놀라운 역사를 깨닫게 된다.

나는 하나님의 계획에 민감하게 반응하여 하나님이 원하시는 대로 움직이는 것이 내가 할 일이라는 것을 안다. 그래서 헤어짐 속에서 때로는 아쉽고 마음이 아프지만, 더 크신 하나님의 뜻에 순종하면 언젠가는 기쁨의 날들이 올 것이라고 믿고 있다.

돌이켜 보면 아는 사람 하나 없는 낯선 벽제에 들어와 하나님만 의지하며 지낸 세월이었다. 하나님은 필요할 때마다 적절한 인재를 내 주위에 보내주셨고, 그로 인해 지금은 수많은 사람들을 알게 되었다.

이들과 지내는 시간이 내 가족과 함께하는 시간보다 더 많은 지금, 나는 예수님께서 하신 *"내 모친과 내 동생들은 곧 하나님의 말씀을 듣고*

행하는 이 사람들이라 하시니라"(눅 8:21)는 말을 떠올리게 된다. 그래서 늘 벅찬 일로 피곤하고 지친 일상을 보내면서도, 그 안에 가족과 같은 사람들이 있기에 환한 미소를 지으며 지낼 수 있는 것 같다.

Teacher 04

해마다 3월이 되면 나는 좋은 학부형들을 보내주셔서 운영위원회가 한마음으로 학교와 협조하는 조직이 될 수 있도록 하나님께 간절히 기도드린다.

부모님은 최고의 선생님

고양외국어고등학교는 교사를 찾는 것 뿐 아니라 학생과 학부모를 만나는 일에까지도 하나님의 세밀한 인도하심이 있었다.

고양외국어고등학교 1기인 드림팀에는 고양시 전역에서 모인 우수한 학생들과 함께, 지역에서 영향력이 대단하다는 학부모들이 모여들었다.

우리 학교의 학부모들은 학생들보다 학교에 대해 궁금한 것이 많고 관심도 높아, 새로운 학교 방침을 알려드릴 때는 가정통신문과 함께 저녁 시간을 택해 학부모설명회를 마련할 정도이다. 어떤 때는 학생들과 학부모들에게 동시에 설명회를 할 때가 있는데, 이럴 경우 학생들은 강당에서 설명을 듣고 학부모들은 각 교실에서 화면을 통해 설명을 듣게 한다. 학부모들은 집중력이 높아 화면으로 설명을 해도 열심히 듣고 메모하지만, 학생들에게 교실에서 설명을 듣게 하면 금세 산만해지기 때문이다.

이렇게 학교에 뜨거운 관심을 보이는 학부모들이지만, 학교의 운영위원회를 조직하려 하자 선뜻 후보로 자원하는 학부모는 드물었다.

간신히 몇몇 학부모들을 설득해서 학교 운영위원회를 조직했지만, 처음 시작하는 특목고인지라 학부모들은 비현실적인 안건들을 강하게 요구했다. 이런 식으로 내가 일일이 학부모 민원을 해결하다가는 학교 운영이나 학생, 교사들의 장학지도는 뒷전으로 밀릴 형편이었다.

이때 신영옥님이 고양외고 초대 학교 운영위원장으로 추천되었다. 그분은 키도 크고 언변도 좋아 여러 학부모님 중에서도 눈에 띄었다. 그런데 이야기를 듣다 보니 신영옥님은 중학교 운영위원장을 지낼 때 학교와 심하게 대립하여 서로 입장이 난처해진 적이 있다는 것이다. 나는 이분에게 운영위원장을 맡겨도 될지 고민이 됐다. 다행히 그분은 신실한 크리스천이며, 자녀가 우리 학교에 입학하기를 간절히 원하셨다고 한다. 그래서 나는 그분을 믿고 운영위원장직을 맡겨야겠다고 생각했다. 중학교에서 그런 경험을 했던 것이 도리어 그분의 역량을 키우는 밑거름으로 작용했을지도 모르는 일이었다.

학부모들이 일으키는 파도는 예상보다 훨씬 거세게 밀어닥쳤다. 신위원장님은 차분하게 학부모들을 설득하여 학교와 함께 갈 수 있도록 이끌어가면서 그분의 역량을 드러냈다.

특별히 신위원장님은 입학하기 이전에도 고양외고 교복 선정위원장을 맡으면서 이미 리더로서 두각을 나타내셨다. 고양외고의 교복은 그 당시 국내에서 가장 멋진 교복으로 여겨졌으며, 학생들과 학부모들이 만족했음은 물론 고양시의 여러 학생들에게 선망의 대상이 되었다. 지금도 학교 운영위원회에는 교복 선정위원회가 있어, 해마다 교복 판매점과 교복 업자들의 움직임을 주시하며 교복의 품질을 관리하고 있다. 요즘 우리 학교 교복을 그대로 모방한 디자인이 여러 학교에서 교복 디자인으로 사용되고 있는 것을 보면 어쩐지 조금 씁쓸하다. 고양외고의 교복 선정위원들이 교복 선정을 위해 얼마나 노력했는지 잘 알고 있기 때문이다.

신위원장님은 남편이 미국으로 해외발령이 나서 2학년 1학기를 마친 아들과 함께 온가족이 이민을 떠나셨다. 나는 그분이 고양외고의 초대 학교 운영위원장을 맡아 학교를 위해 애쓴 것을 생각하면 지금도 항상 고마운 마음이 든다.

고양외고가 괄목할만한 성장을 하기까지는, 학교 운영위원회의 아낌없는 수고가 있었다. 해마다 3월이 되면 나는 좋은 학부형들을 보내주셔서 운영위원회가 한마음으로 학교와 협조하는 조직이 될 수 있도록 하나님께 간절히 기도드린다.

앞서서 소개한 1대 신영옥 위원장님은 물론, 2, 3대 양금섭 위원장님, 4대 김영희 위원장님, 5대 백영희 위원장님 모두 신앙이 깊고 학교를 깊이 사랑하시는 분들이다. 신위원장님 외에는 모두 학교 운영위원회의 경험이 없는 분들이셨지만, 학교를 사랑하고 하나님께 기도하는 자세만큼은 어느 한분도 부족함이 없다.

운영위원회의 여러 학부모님들은 우리 학교의 직원도 아닌데 학교의 대소사에 신경을 쓰며 교장을 비롯한 여러 교직원의 수고를 덜어주려 애를 쓰신다. 나는 우리 학교의 운영위원회 분들과 교사들을 보면서, 믿음 안에서 이 귀한 동역자들을 만나게 하시는 하나님께 영광을 돌린다. 나는 어려운 일을 만날 때마다 번번이 애를 태우며 힘들어하는데, 가까이에서 나의 어려움을 함께 겪는 학교운영위원회의 어머니들은 나 못지않게 전전긍긍하며 문제를 해결하려고 노력하셔서, 때때로 그분들이 정말 한 형제 같다는 느낌을 받는다.

우리 학교의 운영위원장은 대부분 남편의 외조를 받아야만 학교 일에 전념할 수 있다. 오후 늦게까지 학교에 계시고, 어떤 때는 하루 종일 학교에 계시기도 한다. 이런 사정은 운영위원장뿐 아니라 여러 운영위원들도 마찬가지인 것 같다. 학부모 모임을 주로 저녁 시간에 갖기 때문에, 여러 운영위원들이 저녁 식사 전의 늦은 오후부터 준비하고 도와야 한다. 따라서 남편의 전폭적인 지지가 없이 학교 운영위원을 한다는 것은 힘든 일이다.

그런데 지금까지도 순조롭게 운영위원회가 활동하고 있는 것을 보면, 모두 가정에서 학교 일을 적극 지지해주시는 것 같다. 가정이 평안하니 여러 학부모들도 밝은 얼굴로 봉사를 하실 수 있는 것이다. 나는 이 모든 것 하나하나에도 하나님의 은혜가 있음을 느끼며, 여러 부모님들의 자녀가 모두 잘 되기를 조용히 기도할 뿐이다.

하나님의 인도는 때때로 내가 전혀 생각지 않은 곳에서도 진행되고 있다.

우리 학교는 정원의 2% 안에서 특례입학제도를 운영하고 있다. 그런데 2003년 신입생을 선발한 이후, 특례입학으로 들어올 정원 중 한 명이 비는 것을 발견했다. 2002년 고양외고 입학전형에서 500여 명이 탈락했고, 2003년에는 무려 700여 명이 탈락했는데, 신기하게도 1명의 특례입학 자리가 그대로 남아있었던 것이다. 그러나 이 자리는 아무나 선발할 수가 없기 때문에 빈 그대로 남겨 두었다.

그런데 입학을 앞둔 2월 초에 미국에 계신 목사님으로부터 이메일 한 통이 들어왔다. 이 목사님은 한국 C.C.C에서 사역하다가 미국 신학대학으로 유학을 갔는데, 올 2월 말에 귀국할 예정이라고 쓰셨다. 목사님은 2남매를 두고 계셨는데, 그 중 고등학생인 아들을 고양외고에 보내서 미국에서의 경험이 도움이 되기를 원하신다는 내용의 편지였다.

나는 비어있던 특례입학 자리가 하나님이 이 목사님의 아들을 위해 예비한 자리임을 깨달았다. 이 학생은 특례입학 자격을 갖추고 있어, 나는 곧 목사님께 가능한 한 학생이 입학할 수 있도록 할 것이니 귀국하면 곧 연락하라고 전했다. 그렇게 하여 목사님은 우리 학교의 학부모가 되었고, 지금은 딸도 우리 학교에 입학해서 재학중이다.

그리고 놀라운 것은 목사님의 사모님이었다. 이분은 미국에 가시기 전에 음악 교사를 했는데, 마침 우리 학교에 음악 교사가 필요했다. 또한 고양외고는 아직 학급이 적어 정식 보건 교사가 없었는데, 이분은 학교에서 보건 교사의 일을 담당한 적도 있다는 것이다. 나는 이듬해에 목사님의 사모님을 음악 교사 겸 보건 교사로 고양외고에 모시게 되었다.

그분은 현재 맡은 일을 헌신적으로 담당하고 계실 뿐 아니라, 기독교 동아리인 '아이노스'를 지도하며 채플과 목요찬양을 담당하신다. 특히 요즘에는 매일 아침 80여 명의 학생들이 학교에 등교하자마자 강당에서 기도회를 시작하는데, 그 일도 맡아 지도하시고 있다.

이러한 우연의 일치를 만드신 하나님께 감격할 뿐이다. 나같이 부족한 사람에게, 그리고 우리 학교같이 연약한 학교에게 이렇게 확실하고 세심한 인도가 있었다는 것을 확인하는 것은, 두렵고도 떨리는 기쁨의 사건이 아닐 수 없었다.

Teacher 05

여러 선생님들은 지역도 경력도 다양하지만, 일단 고양외고에 들어오면 학교를 선교지 삼아 사명감을 가지고 학생들을 지도한다.

헌신하는 교사들

교사들을 임용하다 보면, 하나님이 특별하게 나에게 확신을 주면서 보내는 교사도 있지만, 그렇지 않은 경우도 있다. 그러나 몇 차례에 걸쳐 면접을 보고 신중하게 뽑은 교사들이기에 모두 헌신적이고 실력 있는 분들이다.

고양외고는 매년 11월이 되면 교사 선정 작업에 들어가서 전국, 아니 세계에서 교사들을 모셔왔다. 서울에서, 경기도에서, 전남 광주에서, 전북 익산에서… 미국, 중국, 일본에서. 여러 선생님들은 지역도 경력도 다양하지만, 일단 고양외고에 들어오면 학교를 선교지 삼아 사명감을 가지고 학생들을 지도한다.

고양외고는 아침 7시 30분이 되면 70~80%의 교사가 아침 예배 겸 직원 조회로 하루를 시작한다. 예배가 끝나면 담임들은 곧 학급에 가서 아침 예배 및 학급 조회를 하고, 3학년 학생들은 교사가 도착하기 전에 정해진 시간에 학급마다 설치된 멀티비전에서 노래를 다운받아 예배를 시작한다.

나는 우리 학교 시스템에 적응하려면 학교 근처로 이사 오는 것이 좋을 것이라고 교사들에게 강하게 요구한다. 실제로 나도 학교 안에서 기거하고, 교감선생님도 학교 안에서 살고 계신다. 그리고 학교 뒤편으로 새로 생긴 주공 아파트에도 고양외고의 여러 선생님들이 살고 계시며, 먼 곳에 살고 계셨던 분들도 거의 가까운 관산동이나 화정·일산 지역으로 이사하셨다.

학교가 교사에게 바라는 것이 많은 만큼, 학교도 교사의 편의를 위해 배려하려고 노력한다. 교사들은 아침에 일찍 출근하여 학교에서 아침 식사를 할 수 있고, 점심과 저녁 식사도 제공된다. 학교는 전 교실이 중앙 냉·난방으로 되어 있어 학생과 교사들이 수업하는 데 지장이 없도록 했으며, 백묵 가루가 호흡기를 상하지 않게 하기 위해 전 교실에 물백묵을 이용한 친환경칠판을 설치하기도 했다.

나와 교감선생님은 밤늦게까지 수고하는 교사들과 학생들을 위해 아예 학교 내에 거주하고 있다. 이곳에서 하나님이 기뻐하시는 실력 있는 학생들을 많이 배출할 수 있도록, 그들이 국내외에서 귀한 일을 감당하는 영성 깊은 지도자들로 자랄 수 있기를 기도하며, 묵묵히 주어진 일들을 감당하고 있다.

때때로 나는 교사들에게 10년, 20년이 지나 우리 학생들이 세계 곳곳에서, 대한민국 방방곳곳에서 활동하는 것을 마음속에 그리며 힘을 내고, 지금의 고생은 그 기쁨을 위해 감내하자고 격려한다. 어떤 선생님은 넘치는 열의로 목청을 높여 수업을 하다가 옆 반 교사에게 부담을 주는 해프닝을 벌이기도 한다.

나는 영적인 파워를 가지려면 먼저 질 높은 수업을 해서 학생들에게 실력을 인정받아야 한다고 강조하고 있다. 따라서 고양외고의 교사들은 교과를 준비하느라 늘 분주하고, 교무실까지 찾아와서 질문하는 학생들에게 좋은 답변을 주기 위해 노력한다.

우리 학교의 교사 연구실은 대단히 학구적이어서, 교사들이 학생과 상담하지 않을 때면 숨소리도 들리지 않을 정도이다. 이렇게 헌신적인 교사들이 있으면 학생들은 자극을 받아 학습의욕이 왕성해지게 된다. 실력 없는 교사는 교과지도나 생활지도, 나아가 영적지도도 할 수 없다는 것이 나의 생각이다. 따라서 나는 교사들이 자기 분야의 전문가가 되도록 촉구한다.

그러나 이 모든 것 위에 하나님이 계시다. 나는 우리 학교의 학생과 교사 모두가 먼저 여호와를 경외하고 인정해야 한다고 믿는다. 따라서 "여호와를 경외하는 것이 지혜의 근본이요 거룩하신 자를 아는 것이 명철이니라"(잠 9:10)는 말씀과, "오직 여호와를 앙망하는 자는 새 힘을 얻으리니 독수리의 날개 치며 올라감 같을 것이요, 달음박질하여도 곤비치 아니하겠고 걸어가도 피곤치 아니하리로다"(사 40:31)라는 말씀을 아크릴판에 새겨 미래관 1층 현관 중앙에 세워 놓았다.

얼마 전 K-TV의 「토론카페」라는 프로그램에서 고양외고를 소개하는 방송이 나갔다. 우리 학교 학생들의 토론하는 광경을 방영하면서 인터뷰도 하는 프로그램이었는데, 나도 내용이 궁금해 챙겨보았다.

아나운서가 1학년 학급에 들어가서 담임선생님과 학교에 대해 질문을 했는데, 학생들이 담임선생님과 학교가 너무나 좋다며 칭찬하고 있었다.

아나운서가 어디가 어떻게 좋은지 다시 물었더니 학생은 "얼마 전 1학기 중간고사를 치룬 후에 저희들은 너무 실망해서 기가 죽었어요. 그런데 선생님이 휴대폰 메시지로 모든 아이들에게 상황에 맞는 문자를 하나하나 보내주셔서 너무 감동스러웠거든요"라는 말을 했다.

아나운서는 교무실로 담임을 찾아가 학생이 한 말을 확인했다. 담임선생님은 담담한 목소리로 "나는 우리 학생들이 너무 좋다. 그리고 우리 학교 교사들 모두가 아이들에게 각별한 애정을 가지고 있다"고 말하는 것이었다.

각본대로가 아닌, 즉석에서 인터뷰를 진행한 것인데 학생과 교사 모두가 서로를 칭찬하고 자랑스러워했다. 나는 고양외고에서 참다운 교육이 이루어지고 있음을 느꼈고, 우리 학교의 학생과 선생님들이 새삼 자랑스럽게 느껴져 한동안 혼자 싱글벙글 웃고 다녔다.

내게 능력 주시는 자 안에서 내가 모든 것을 할 수 있느니라
빌립보서 4 : 13

예수께서 이르시되 할 수 있거든이 무슨 말이냐
믿는 자에게는 능치 못할 일이 없느니라 하시니
마가복음 9 : 23

Student 04
세븐 일레븐에 담긴 학생들의 땀방울

Student 01

아침 7시부터 밤 11시까지 학생들이 학교에서 확실히 공부할 수 있는 기반을 제공해 학생들의 실력을 향상시키고, 건강하고 규칙적인 생활을 할 수 있도록 배려하는 제도이다.

7-11 시스템

2002년 3월 5일, 국제관 2층 강당에서 259명의 건강한 청소년들이 고양외고의 시작을 알리며 첫 입학식을 치렀다.

고양외고는 하나님의 역사가 가득한 학교이다. 건물을 짓는 일에도, 교사를 찾는 일에도, 어느 것 하나 주님의 인도하심이 미치지 않은 곳이 없다. 그러나 나는 이 모든 것이 기도만으로 이루어졌다고는 생각하지 않는다. 하나님의 능력이 우리 학교에 수도 없이 역사하셨으나, 대외적으로 고양외고를 말해주는 것은 학생들이다. 학생들이 목표로 하는 대학에 순조롭게 진학하고, 학문적으로도 그 실력을 인정받아야만,

고양외고는 하나님의 학교로서 든든하게 버텨낼 수 있는 것이다.

　나는 언제나 하나님의 나라는 말에 있지 않고 능력에 있다고 교직원들에게 강조한다. 그렇기 때문에 우리 학교의 능력을 인정받는 가장 확실한 길은 교직원들이 열심히 기도하고 열심히 지도하는 것뿐이라고 말한다. 좋은 학교는 학생과 교사와 학부모가 혼연일체가 되어 각자의 할 일을 정확히 해내는 학교이다.

　고양외고의 학생들이 "세계를 향하여, 미래를 향하여"라는 슬로건에 어울리는 학생들로 자랄 수 있도록 나는 다소 고전적인 전략을 세웠는데, 그것이 바로 우리 학교의 교육체계인 세븐-일레븐(7-11) 시스템이다.

　고양외고 학생들은 기숙사 학생들을 제외하고는 모두 스쿨버스로 7시까지 학교에 등교한다. 그리고 등교하자마자 아침 식사를 시켜 잠을 깨우고 건강한 아침을 맞을 수 있도록 한다.

　7:50분부터 10분 동안 각 반별로 아침 예배를 드리고, 8시부터 1시간 동안 아침 독서를 한다. 9시부터는 정규 오전 수업을 시작하여 실력 있고 헌신적인 교사들이 열정적으로 교과 지도를 한다. 점심 식사는 11:50분에 시작하고, 12:40분부터 오후 수업이 시작되어 정규 수업은 4:30분에 끝이 난다.

　나는 학생들과 학부모들에게 정규 수업시간에 집중해서 교과 지도를 받을 것을 강조한다. 교사들에게는 졸거나 휴대폰, MP3 등으로 수업에 집중하지 못하는 학생이 없도록 철저히 지도할 것을 당부한다.

　4:30분이 되면 수준별 특별 보충수업이 있다. 학생들은 스스로 선택한 강좌를 듣기도 하고, 수업을 원치 않는 학생들은 정해진 장소에서 자율학습을 한다. 6:30분에는 저녁 식사를 하고, 학생들은 약 1시간 정

도 여유 있는 시간을 갖는다. 이 때 학생들은 축구나, 농구, 방송반, 풍물반, 영자신문반, 아이노스 음악반 등 수많은 동아리 활동을 자유롭게 하며 휴식과 취미 생활을 한다.

7:30분이 되면 모든 학생들은 10:50분까지 3시간 30분 정도 각 학급에서 휴식시간 없이 집중적인 자율학습을 한다. 이 시간에 교사들은 모두 교실에 들어가 학생들의 자율학습을 지도하게 된다. 학생들은 복습과 예습, 숙제 등을 하고, 피곤한 학생은 다른 학생들에게 방해가 되지 않도록 조용히 복도에 나가 휴식을 취한다. 이렇게 하여 11시에는 학교에서의 생활이 마무리된다.

이것이 우리 학교의 7-11 시스템이다. 아침 7시부터 밤 11시까지 학생들이 학교에서 확실히 공부할 수 있는 기반을 제공해 학생들의 실력을 향상시키는 것이다. 또한 아침, 점심, 저녁 식사를 모두 제공하고, 저녁에는 휴식을 취할 수 있도록 하여 학생들이 건강하고 규칙적인 생활을 할 수 있도록 배려하는 제도이다.

고양외고 1기인 드림팀에서 시작된 7-11 시스템은 몇 가지 시행착오를 거치면서 보완되어, 현재 6기의 수퍼파워Ⅱ팀까지 이 시스템 속에서 확실한 학습효과를 성취하고 있다.

7-11 시스템이 처음 도입되었을 때는 학생은 물론 교사들도 부담스러워했다. 누구보다 가장 힘들었던 것은 드림팀 학생들이었을 것이다. 입학식을 치르고 아침 7시까지 등교하는 것도 벅찬 일인데, 등교 후 앞혀놓고 조용히 아침 독서를 시키니, 잠이 쏟아지는 것이 당연하다. 아침 독서 시간, 모든 학급이 고요한 상태로 하나 둘씩 꾸벅꾸벅 졸기 시

작하다가, 20~30분이 지나면 거의 모든 학생들이 책상에 엎드려 자곤 했다. 교사들은 그런 학생들이 측은해서 깨우지도 못했다.

대부분의 사람들은 수면 시간을 잘 조절하지 못한다. 학생들은 아침에 졸게 되면 오후에 잠깐 정신이 들어 잘 집중하다가, 저녁에는 피곤해서 축 처진다. 그러다가 집에 가면 기운이 나서 밤늦도록 컴퓨터 게임이나 인터넷 서핑에 몰두하다가 새벽이 되어서야 잠을 잔다. 그리고 다음날 부랴부랴 학교에 와서 다시 꾸벅꾸벅 조는, 후회의 사이클을 밟게 된다.

이렇게 둘 바에는 차라리 학교에서 학생들의 깨어있는 시간을 모두 관리하는 편이 학업에 도움이 될 것이라고 생각해서 시작한 7-11 시스템이다. 그런데 첫 시간인 아침 독서부터 무너지기 시작하면 가뜩이나 잠이 부족한 아이들을 억지로 깨워 학교에 데려다 놓고 부족한 잠을 보충시키는 것밖에 되지 않았다. 아침 시간에는 공부를 시키는 것보다 잠을 깨우는 것이 더 중요하다. 그래서 7시부터 독서를 시키기보다는 오자마자 식당에 줄을 세우고 밥부터 먹였다. 줄을 서서 친구들과 수다를 떨고 식사를 하면서 졸음이 깨야 하루의 일과가 제대로 시작된다.

그래서 나는 학부모들에게 집에 돌아간 학생들에게는 다른 부담을 주지 말고 편히 잘 수 있도록 배려해달라고 부탁한다. 그리고 학교에 늦지 않게 깨워 등교를 시키면, 그 이후는 밥을 먹이는 것도, 공부를 시키는 것도 모두 학교에서 책임지겠다고 했다. 학부모들은 밤 11시가 되도록 학교에 남아있어야 하는 아이들을 걱정했지만, 한편으로는 그만큼 학교에서 확실히 공부를 시키고 있다는 생각에 안도하는 모습을 보이기도 했다.

초기의 7-11 시스템에는 약점이 하나 더 있었다. 매일 한밤중까지 아이들을 학교에 잡아두는 것이 실력향상에는 도움이 된다고 해도, 학생이나 교직원들은 너무 힘들어했다. 그래서 수요일 하루를 비웠다. 일주일 중 수요일 하루는 1, 2학년 학생들과 교직원들을 오후 5시에 돌려보내는 것이다.

이런 사항은 학부모들에게도 전달된다. 수요일에는 학생들이 저녁을 먹지 않고 귀가하니, 맛있는 것을 먹이고 관심과 애정을 표현하여 긴장을 줄여주기를 당부한다. 일주일에 주말을 제외하고 6시간 정도의 자유시간이다. 짧다면 짧은 시간이지만, 수요일을 재충전 시기로 잘 활용하면 남은 다른 요일들을 한층 충실하게 생활할 수 있게 된다.

미래관 입구에는 화강암에 "눈물을 흘리며 씨를 뿌리는 자는 기쁨으로 거두리로다. 울며 씨를 뿌리러 나가는 자는 정녕 기쁨으로 그 단을 가지고 돌아오리로다"(시 126:5, 6)라는 말씀이 새겨져 있다.

고양외고는 밤 11시까지 각 교실마다 대낮처럼 불을 밝히고 있다. 수많은 학생들이 지금은 비록 고된 공부에 지쳐 눈물을 흘릴지라도, 그 눈물이 미래를 위한 자양분이 될 것임을 누구보다도 잘 알고 있으리라 믿는다.

Student 02

학교 안에서 운동이나 동아리 활동도 활발하게 이루어지고, 공부도 하고 취미생활도 하고 열띤 토론도 하면서 학생들이 건강한 학창시절을 보내게 해주고 싶다.

고양외고는 공부벌레를 만들지 않는다

나는 7-11 시스템을 통해 학생들의 학습 능력이 향상되기를 원하지만, 학생들을 공부만 아는 나약한 모범생으로 만들고 싶지는 않다. 지나간 시간은 돌아오지 않고, 꿈을 꾸고 우정을 가꾸던 학창시절은 수많은 사람들에게 잊지 못할 추억거리로 남게 된다.

나는 고양외고의 졸업생들이 고교시절을 회상할 때 열심히 공부한 기억과 함께 풍부한 추억거리를 떠올리기를 바란다. 학교 안에서 운동이나 동아리 활동도 활발하게 이루어지고, 공부도 하고 취미생활도 하고 열띤 토론도 하면서 학생들이 건강한 학창시절을 보내게 해주고 싶다.

그래서 고양외고에서는 봄·가을에 학급대항 축구대회와 농구대회를 연다. 봄에는 고양외고 축구대회인 G-리그가 열린다. 학생들은 식사시간 틈틈이 응원과 축구를 연습하며 승부욕을 불태운다. 가을에는 1주일간 농구대회를 갖게 되는데, 이 시기에는 열띤 젊음의 함성으로 운동장을 가득 채운다.

학생들이 생활하는 것을 유심히 살펴보니 늦게까지 농구를 하기 위해 삼삼오오 몰려드는 것을 자주 볼 수 있었다. 그래서 늦가을로 접어들어 해가 짧아지자 학생들이 어두워서 불편해하는 것을 보고, 학교에 야간 조명을 설치해두었다. 하루 종일 공부하는 학생들에게 몸을 풀 수 있는 시간을 조금이나마 더 주고 싶었기 때문이다.

축구나 농구처럼 학교에서 주관하는 큰 행사가 없어도, 공부하는 중간 중간에 시간을 내서 각종 특별활동을 벌이는 학생들이 운동장을 가득 채운다.

학생들은 약간 여유가 있는 저녁 시간에 각종 동아리 활동을 하고 있는데, 동아리 활동이 시작되는 것을 알리는 팀은 언제나 풍물반이다. 풍물반은 항상 연습에 열심인지라, 매일같이 흥겨운 장단 소리가 교정을 흔들어 놓는다.

외국에서 손님들이 오면 풍물반과 함께 활동하는 동아리가 태권도부이다. 고양외고는 전국에서 유일하게 태권도 특기생을 선발하는 곳이다. 사람들은 특목고, 특히 외고라고 하면 공부만 하는 약하고 소심한 학생들을 떠올리는 것 같지만, 한번이라도 고양외고의 태권도부를 본다면 그런 생각을 하지 못할 것이다.

태권도부의 활동은 다른 학생들에게도 체력단련에 관심을 갖게 해주는 계기가 된다. 풍물반이 흥겨운 가락으로 한국적인 음색을 선사한다면, 태권도부는 멋진 시범 경기로 한국의 강건함을 유감없이 발휘하는 동아리라고나 할까. 나는 때때로 교정을 거닐다가 '고양외고 학생들만큼 운동을 열심히 하는 학교가 대한민국에 있을까' 하는 생각도 한다.

그밖에도 고양외고에는 영자신문 동아리, 과학 동아리, 연극 동아리, 방송반을 비롯한 26개의 동아리들이 있다. 이들은 주로 저녁 시간을 이용해 학교 곳곳에서 회의를 하고 계획을 세우고 대외적인 경기를 준비하면서 고양외고의 교정을 활기차게 가꾸어나가고 있다.

한쪽에서 각종 운동으로 체력단련을 하는 데 여념이 없다면, 다른 학생들은 다정하게 교정 곳곳을 산책하며 한가한 시간을 갖는다.

고양외고의 교정에는 사시사철 아름다운 자연이 있다.

날이 따뜻해지기 시작하면 진달래와 개나리가 앞 다투어 꽃망울을 터트리고, 조금 지나면 철쭉이 만발하다. 잔디가 정원을 파랗게 덮을 무렵이면 뒷산에서 날아온 아카시아 향기가 교정을 뒤덮고, 아카시아 꽃이 지면 밤꽃이 그 자리를 대신한다.

초여름부터는 넝쿨 장미가 교정을 화려한 붉은 색으로 물들이고, 여름 장마가 오기 전에는 눈부시게 밝은 황금색의 루드비키아 꽃이 만발하며, 쭉쭉 뻗어 올라온 해바라기가 샛노란 얼굴로 학생들을 반긴다. 한여름의 빗속에서도 봉숭아와 백일홍이 피어나고, 교정의 여름을 마무리하는 주인공은 무리지어 피어나는 과꽃이다. 가을볕 속에서는 코스모스가 하늘거리고, 싸늘한 바람이 불기 시작하면 국화꽃 향기가 교정을 채우기 시작하여 늦가을까지 피어있다.

나는 철따라 꽃들이 끊임없이 피어나도록 정원을 조성했다. 아름다운 것을 자꾸 보면 사람들의 마음도 편안하고 아름다워진다. 세상에 꽃만큼 아름다운 것이 어디 있겠는가. 나는 고양외고의 학생들과 모든 교직원들이 정원을 산책하며 보다 여유로운 시간을 만끽할 수 있기를 바란다.

고양외고는 교정뿐만 아니라 학교 밖의 자연도 아름답다. 통일로를 끼고 있기 때문에 이곳에 서있는 은행나무가 학생들에게 노랗게 물든 가을을 선사한다. 나는 유명하다는 산으로 단풍놀이를 갈 필요가 없다. 가을이 되면 식구들을 데리고 나와 교정을 한 바퀴 돌고, 교문을 나가 통일로 도로변을 따라 거리를 산책하면 저절로 단풍구경이 된다.

학생들이 공부와 운동, 사색, 동아리 활동을 기운차게 하려면 무엇보다도 밥을 든든하게 먹어야 한다.

나는 매년 급식실을 확충하여 올해는 여섯 군데의 식당에서 3개 학년이 동시에 배식을 받을 수 있게 되었다. 이렇게 하니 배식 시간이 앞당겨져 학생들이 식사를 빨리 끝낼 수 있고, 점심시간을 좀 더 여유롭게 쓸 수 있게 되었다.

고양외고에는 3명의 영양사와 30여 명의 조리원들이 있지만, 천 명이 넘는 사람들의 입맛을 다 맞추는 것은 불가능하다. 따라서 학교에서는 깨끗하고 영양적으로 균형이 잡힌 급식을 제공하는 데 초점을 두고, 학생들이 집에 가서 저녁을 먹을 수 있는 수요일과 주말에는 부모님들께 특히 신경을 써달라고 부탁드리곤 한다. 학교에서 아무리 건강한 식사를 제공한다고 해도 학생들은 먹고 싶은 것이 많은 나이이고, 학교 급식만 먹는 것도 스트레스가 될 수 있기 때문이다.

수요일에는 집에 귀가하지 못하는 기숙사생들을 위해서는 특별히 학생들이 좋아하는 메뉴로 특식을 제공하는데, 기숙사 학생들 모두 일주일 내내 이 특식을 기다릴 정도다. 교사들도 학생들과 똑같은 식단으로 급식을 이용할 수 있는데, 많은 교직원들이 좀처럼 외식을 하지 않고 학교 내에서 식사를 한다. 덕분에 교사들도 수요일에 늦게 남아 있으면 학생들과 함께 특식을 들게 된다.

 기대에 찬 신입생으로 출발하여 2학년을 지나 3학년이 되는 학생들은, 키도 훌쩍 커질 뿐 아니라 태도도 신중해지고 품위를 갖추어가는 것이 보인다. 눈앞에서 커가는 아이들을 보면, 아이들의 건강과 학업과 영성을 위해서 무엇이든지 해주고 싶은 마음이 절로 든다.

Student 03

하나님의 말씀은 날카롭고 강렬하여 우리의 심령과 육체를 쪼갤 정도이니, 고통스럽더라도 더욱 정진해야 한다

개성이 넘치는 학생들

고양외고에는 아이노스라는 기독교 찬양반이 있다. 첫해 입학생인 드림팀에서는 다솔이가 아이노스의 리드싱어로 활약하며 채플을 이끌었는데, 미러클팀이 입학하면서 국진이라는 새로운 스타가 탄생했다. 여학생들이 좋아할만한 외모에, 성품도 온화하고, 키보드와 기타 연주도 수준급이어서 아이노스의 수준은 한층 높아졌다. 더구나 이 학생은 친구들과도 서로 돕고 어울리는 성격이어서, 아이노스에 속해 있던 학생들의 영성도 더욱 열정적으로 변해가는 듯했다.

후에 알고 보니 재미있는 사연이 있었다. 이 학생의 아버지인 원종구

목사님은 나의 아버지가 교장으로 있던 동두천의 신흥중학교를 다녔었다. 원목사님은 우리 아버지의 가르침을 받고, 원목사님의 아들인 국진이는 내가 교장으로 있는 고양외고에 다니니, 신기한 인연이 아닐 수 없다.

국진이는 성적도 우수하여 SKY 대학이라고 부르는 서울대와 연대, 고대를 갈 수 있었다. 그런데 국진이는 입학할 때부터 자기는 목사가 될 것이라고 이야기했다고 한다.

우리 학교는 특목고라서 서울대나 연·고대로 많은 학생들을 진학시켜야 했다. 국내 유명 대학에 몇 명의 학생이 들어갔는지를 따지는 것이 고등학교의 수준을 평가하는 가시적인 잣대가 되기 때문이다. 따라서 유명 대학에 들어갈 수 있는 학생이 굳이 신학대를 선택해 진학하는 것은 학교 입장에서는 달갑지 않은 일이었다.

나는 이 학생의 진로 선택에 관심을 갖고 지켜보았는데, 3학년 말이 되자 국진이는 정말 장로회 신학대학으로 진학을 확정지었다고 했다. 원목사님은 국진이가 진로를 결정하기 전에 일주일 금식을 결정한 적이 있고, 그런 것을 국진이 어머니가 만류했다고 한다. 학교에 7시에 등교해서 11시까지 있어야 하는데 일주일 금식은 무리이니, 어머니가 며칠을 대신 하신 끝에 국진이는 신학대를 선택한 것이다.

나는 여러 진로 지도 선생님들에게 국진이가 신학교로 진학하도록 내버려두라고 했다. 스스로에게 일주일 금식기도라는 극약처방을 내려가면서 결정한 것이고, 그렇게 하나님께 묻고 물어 결정한 것이니, 학생이 편하게 도와주는 것이 하나님을 위한 일이라고 생각했다.

국진이는 결국 자기의 생각대로 장로회 신학대학에 시험을 치루고 차석 합격의 영광을 얻었다. 나는 국진이가 고양외고 출신 목사님 1호가 될 것을 확신한다.

고양외고에는 재미있고 개성 있는 학생들이 종종 있는데 그 중에 한 학생이 인식이다.

이 학생은 1학년 때부터 매우 사교적이고 활달한 기질이 있어 눈에 띄는 학생이었다. 나는 교장이라는 직책 때문에 여러 교직원이나 학생들이 어렵게 생각하는 경우가 많은데, 이 학생은 스스럼없이 다가와 "와! 오늘 교장선생님 패션이 아주 멋지시네요"라고 이야기를 걸 만큼 쾌활하고 거침없는 학생이었다.

리더십도 있어 중학교 때는 전교 회장도 했고, 몇몇 친구들을 몰고 다니며 분위기를 휘어잡는 학생이었는데, 워낙 개성이 강해 담임선생님과 큰 마찰을 빚기도 했다.

인식이도 학년이 올라가면서 진학준비를 하느라 열심이었지만, 스트레스를 많이 받는 것 같았다. 고등학교에 와서 다들 열심히 공부를 하지만, 눈에 띄게 실력이 향상되는 것은 어려운 일이라 많은 학생들이 고민을 한다. 특히 3학년이 되면 학생들의 정서는 바늘 끝과도 같이 예민한 상태라, 신입생 시절의 발랄함과 패기는 찾아보기 어려울 정도이다.

나는 학생들이 슬럼프에 빠질 때 "하나님의 말씀은 살았고 운동력이 있어 좌우에 날선 어떤 검보다도 예리하여 혼과 영과 및 관절과 골수를 찔러 쪼개기까지 하며 또 마음의 생각과 뜻을 감찰하나니"(히 4:12)라는 구절을 교사들에게 알려주어 학생들을 격려할 수 있도록 부탁드린다. 하나님의 말씀은 날카롭고 강렬하여 우리의 심령과 육체를 쪼갤 정도이니, 고통스럽더라도 더욱 정진해야 한다는 의미로 이야기하는 것이다.

혼자 학업으로 고민하는 외로운 길에 위로가 되는 것은 하나님의 말씀뿐인 것 같다.

그렇게 자신만만하고 적극적이던 인식이도 나중에는 예수님을 영접하고 크리스천이 되어 교회에 나간다는 소식을 들었다. 자신의 적극적인 성격대로 주위의 친구들 모두를 전도하여 함께 하나님을 믿는다고 하였고, 나아가 아버지 빼고는 가족 모두에게 하나님을 소개하여 가족들이 기독교인이 되었다고 하니 얼마나 놀라운 일인가. 인식이는 사람들을 전도하면서 "내가 예수를 믿게 된 것이 기적이다"라고 말한다고 한다.

나는 얼마나 기쁜지 선생님들과 인식이 이야기를 하면서 인식이가 이제 진짜 임자를 만났다고 생각했다. 인식이는 졸업하고 연세대학교에 진학하였다.

얼마 전 주일날 교회에 다녀오면서 집 앞에 자동차를 주차하려는데 누군가가 두 손을 흔들며 "선생님~"하며 뛰어오는 것이었다. 가까이 보니 인식이었다. 놀라서 웬일이냐고 물으니 예배를 드린 후 교회 친구들과 함께 학교에 오고 싶어 모교를 방문했다고 한다. 철부지 같았던 학생이 이제는 예수님을 알고 예수님을 소개하고 싶은 마음으로 가득 찬 청년이 되었다고 생각하니 가슴이 뿌듯해졌다.

인식이가 학교를 졸업할 때 교사들에게 "선생님들이 서운할까봐 내 동생을 보냈어요. 내 동생은 저보다 한 술 더 떠요"라고 말했다고 한다.

정말 인식이 동생도 우리 학교 학생이 되어, 미러클팀이었던 인식이 뒤를 이어 미러클Ⅱ팀이 되었다.

Student 04

아침에서 밤까지, 종일 공부에 시달리다 보면 자기중심적이고 이기적인 사람이 되기 쉽다. 실력이 있고 머리가 똑똑해도 타인을 배려할 줄 모르고 이웃의 어려움을 외면하면 참다운 지도자가 될 수 없다.

남을 도울 줄 아는 사람이 되어라

고양외고의 설립 목적은 "하나님을 사랑하고 나라와 겨레를 사랑하는 미래의 지도자를 육성"하는 것이다. 나는 성공하여 자기만 잘 먹고 잘 사는 것이 아니라, 이웃과 더불어 하나님의 뜻을 받들어가며 사는 것이 중요하다는 것을 늘 강조해 왔다.

고양외고 학생들은 새벽을 깨우며 고양시 전역에서 30대 이상의 스쿨버스를 타고 등교한다. 아침부터 밤까지, 종일 공부에 시달리다 보면 자기중심적이고 이기적인 사람이 되기 쉽다. 나는 실력이 있고 머리가 똑똑해도 타인을 배려할 줄 모르고 이웃의 어려움을 외면하면 참다운 지도자가 될 수 없다는 것을 알고 있다. 처음부터 막연하게 이웃을 사랑하라고 하면 실천이 어렵지만, 남을 배려하는 마음도 교육을 통해서 가르칠 수 있다.

나는 학생들이 교실을 드나들 때 문 옆에 앉은 학생들을 위해 문을 조용히 여닫을 것을 부탁했다. 우선 나부터도 야간 자율학습을 살펴보며 교실을 순회할 때 아이들에게 방해가 되지 않으려고 조심스럽게 교실 문을 열고 학생들의 모습을 지켜본다.

2002년, 고양외국어고등학교로 전환하고 처음 맞는 가을에 우리나라에 태풍 매미가 들이닥쳤다. 우리 학교에는 직접적인 피해가 없었지만, 매스컴에서는 연일 태풍이 동해안과 경남, 경북지역을 강타해서 수해 피해가 극심하다고 보도했다.

나는 교사들을 소집하여 "우리나라가 태풍으로 이렇게 어려움을 겪고 있습니다. 그런데 우리에게 직접적인 피해가 없다고 하여 아무 일도 일어나지 않은 것처럼 공부만 해도 되겠습니까?"라고 물었다. 교직원들은 모두 내가 무슨 이야기를 꺼내려고 그러나 싶은 표정으로 묵묵하게 듣고 있었다. 나는 "교직원들이 인솔하여 학생들을 모두 수해 지역으로 데려가 그곳에서 봉사를 하면 어떨까요?"라고 의견을 제시했다.

그러나 대부분의 교사들은 부정적인 반응을 보였다. 아직 길도 복구가 되지 않았고, 우리 아이들도 그곳에 가서 큰 도움이 되기 어려울 것이니, 피해가 조금 수습된 후에 가자는 것이었다.

반대의견은 교사보다 학부모들에게서 더 심했다. 몇몇 학부모는 그렇게 위험한 곳에 전체 학생을 데리고 갔다가 어려운 일이라도 당하면 어떻게 할 것이냐며 거세게 반대했다.

나는 봉사란 사람들이 가장 어렵고 가장 도움이 필요한 시기에 해야 하는 것이지, 안정이 되고 복구가 진행된 때에 가면 생색내기밖에 더 되겠냐며 학부모와 교사들을 설득했다. 또한 연일 수해소식이 들려오고 많은 사람들이 어려움을 겪고 있는데, 우리가 비록 미흡하더라도 무언가를 힘써 도울 수 있다는 것을 보여주는 것이 아이들에게 진정한 산 교육이 된다고 주장했다. 특히 자기 몸에 미칠 작은 위험을 두려워하여 어려움에 빠진 사람들에게 도움의 손길을 뻗지 않는다면, 이런 아이들이 나중에 자라서 타인을 도울 수 있겠느냐며 열변을 토했다.

사람들은 결국 학생들을 수해 지역에 보내 봉사를 시키기로 했다. 한번 그렇게 정해지니 여러 교직원과 학부모들이 손수 나서 구호품도 걷고 성금도 걷었다. 그렇게 하여 2~3일 동안 철저히 준비하여 떠나기로 하고, 구체적으로 어느 지역으로 봉사를 갈 것인지를 정했다.

수해의 피해가 가장 큰 곳은 경북의 김천 지구와 강원도 강릉 지역이었는데, 경북 김천은 거리가 너무 멀어 당일로 다녀오기 어려웠다. 그러나 강원도 강릉으로 가면 평상시의 7-11 시스템 시간에 맞춰 움직일 수 있을 것 같았다.

수해 지역으로 봉사하기로 결정을 하자 학부모들은 부지런히 헌 옷가지며 일상생활에 필요한 도구들을 보내왔다. 학부모 대표들은 이렇게 모인 옷가지를 종류별로 묶고, 필수품은 필수품대로 분류하여 박스에 넣었다. 학생들은 봉사에 필요한 장화, 고무장갑, 집게, 휴지봉투 등을 준비하고 적으나마 수해 성금을 모으며 출발 준비를 했다. 교사들은 교사들대로 학생들을 강당에 소집하여 주의사항을 전달하며 준비를 총괄했다.

우리는 강릉으로 가는 영동고속도로가 복구되었다는 소식을 접하고, 고양외고 드림팀 1기 1학년 학생 전원을 데리고 새벽부터 강릉으로 출발했다.

터널을 지나 멀찌감치 강릉이 보이는데, 비는 여전히 내리고 있었다. 나는 문득 무모한 짓을 벌였다는 생각이 들었다. 내가 고집을 부리고 봉사일정을 강행하여 여기까지 사람들을 몰고 왔는데, 비가 멈추지 않으면 아무것도 하지 못하고 돌아가야 할지도 모른다. 나는 제일 앞의 선두차로 달리고 있었는데, 강릉에 다가갈수록 이 모든 수고가 헛된 것이 되지 않기를 간절히 기도할 수밖에 없었다.

다행히 강릉시 입구에 도착했을 때는 하늘이 맑게 개었다. 수해 피해로 하천이 범람한 지역에는 통행이 금지되어, 우리는 우회하여 수해 피해 지역으로 인도되어 왔다. 길 곳곳에 홍수가 쓸고 간 상처들이 즐비했고, 학생들은 걱정의 한숨을 내쉬었다.

드디어 수해 지역에 내려 본격적인 봉사활동을 시작했는데, 집마다 물이 들이차서 아직도 진흙이 빠져나가지 않은 상태였다. 길가에 보이는 구멍가게의 주인은 진흙 구덩이가 된 진열장에서 물건들을 꺼내 씻으며 하나라도 더 건져보려고 눈물겨운 노력을 하고 있었다 .

학생들은 강릉까지 여행을 오는 기분으로 출발했지만, 수해 현장을 접하고 나서는 자신들이 해야 할 일을 깨달은 것 같았다. 나는 학생들이 꾀를 부리며 대강대강 하려고 요령을 피울까봐 걱정했지만, 학생들은 열정적으로 나서서 주민들을 도왔다. 함께 간 교사들도 구슬땀을 흘리며 열심히 도운 것은 두말할 나위도 없는 일이다.

그렇게 수해지역에서 하루를 보내고 학교로 돌아오니 11:30분이 넘었다. 매일 집으로 돌아가는 시간보다 30분이 지났지만, 아이들은 돌아오는 길에 버스에서 곤히 잤기 때문에 크게 피로한 기색은 없었다. 그리고 다행히도 다음날 아침에 아무 일 없이 등교를 했고, 아이들은 의욕에 차서 이야기를 나누느라 바쁜 것 같았다. 기특한 것은 학생들이 봉사가 힘들다고 기피하지 않고, 다음에도 이런 일이 있을 때 학교 전체가 참석해서 봉사활동을 했으면 좋겠다는 건의를 한 것이다.

그 후에도 해마다 크고 작은 비 피해가 있었지만, 우리가 집단으로 봉사할 기회는 다시 오지 않았다. 수해 지역이 우리가 가기에는 너무 먼 지역이거나, 방학 중에 수해가 일어나 학생들을 동원할 수 없었다. 그러나 그해에 수해 복구에 나선 것이 드림팀 학생들의 뇌리에 깊게 남은 것 같았다. 이 학생들이 졸업할 때 설문 조사를 해보니, 3년 동안 있었던 가장 인상 깊었던 일로 강원도 수해 복구를 꼽는 학생도 꽤 많이 있었던 것이다.

나는 봉사를 하고 인정을 받으려면, 우선 자기가 사는 지역부터 관심을 가지고 지켜봐야 한다고 생각한다. 고양외고는 고양시 관산동 지역에 있으므로, 나는 교직원이나 학생들에게 언제나 지역의 사람들에게 힘이 되고 인정을 받는 사람이 되어야 함을 강조했다. 지역 주민들은 고양외고 교복을 입은 학생들이 지나가면 부러운 눈으로 바라보며, 자신의 자녀들도 고양외고에 보내고 싶다는 바람을 담아 각별하게 관찰했다. 따라서 우리 학생들은 관산동 내에서 참으로 조심스럽게 행동하지 않을 수 없었다.

그런데 2005년 가을에 원당 사회복지관 소속의 지역 아동센터가 관산동 복지회관에 설립되었다. 나는 우리 학교와 가까운 곳에 봉사할 수 있는 곳이 생겨 내 아이들부터 먼저 봉사를 보냈다.

나는 원래 중학교 때부터 내 자녀들을 방학 때마다 원당 사회복지관으로 보내 봉사를 시켰다. 그런데 원당 사회복지관에 가려면 버스로 왕복 1시간 정도가 걸려, 아이들은 실제 봉사를 하는 것보다 사회복지관까지 왕복하는 것을 힘들어하는 눈치였다. 그런데 관산동 복지회관 내의 지역 아동센터에서 봉사하면 굳이 차를 타고 다니지 않아도 되고, 때때로 아이들에게 영어를 가르쳐주거나 숙제를 봐주는 등 가르치는 일도 할 수 있어 만족해하는 눈치였다.

두 아이들이 봉사를 열심히 하는 것을 보면서 나는 고양외고 학생들에게도 봉사하는 즐거움을 가르쳐야겠다는 생각을 했다. 그러나 학생들은 밤 11시까지 학교에 있으니, 따로 시간을 내서 봉사활동을 하는 것이 쉽지 않았다. 교육청에서는 매번 봉사의 중요성을 강조하지만, 막상 토요일 오후나 일요일은 봉사기관이 문을 닫는 경우가 많아 현실적으로는 봉사를 위한 시간을 따로 내기가 어려웠다.

그런데 가까운 지역에 봉사할 장소가 생겼으므로, 나는 우선 국제학부 학생들에게 관산동 지역 아동센터에 가서 봉사를 하라고 권고했다. 학생들은 일주일에 한두 번 센터에 찾아가 저소득층 아이들을 지도하는데, 사람들의 반응이 매우 좋다.

아이들 입장에서는 누나나 형의 가르침을 받고 우정도 쌓으면서 부족한 공부를 할 수 있고, 복지관의 사회복지사는 도움의 손길이 있어 한숨 돌릴 수 있고, 우리 학생들은 봉사를 체험하며 보람을 얻을 수 있는 일석삼조의 효과가 있는 셈이다.

이런 봉사활동에 대한 지역에서의 반응은 금세 나타났다. 관산동 지역에 고양외고의 실력 있는 학생들이 아이들을 지도한다는 소문이 퍼지자, 지역의 학부모들이 복지관으로 문의하여 학생들의 지도를 부탁하는 경우가 종종 있다고 한다. 복지관 직원들은 우리 학교 학생들이 아동센터에 오는 것은 아이들에게 봉사를 하기 위한 서비스라는 것을 정중하게 설명하며 주민들을 이해시킨다고 한다.

이밖에도 고양외고 학생들은 다양한 봉사 프로그램에 참여한다.

2005년도에는 국제학부 학생들이 제1회 양양 세계 태권도 대축제에 단체로 통역봉사에 참가하여, 조직위원장으로부터 공로패를 받았다.

2006년 5월에 파주시에 경기도 영어 마을이 개관되어, 개관 한달 전부터 시범 프로그램으로 가족 영어 캠프를 열게 되었다. 그런데 우리 학생들이 그곳에서 열심히 봉사활동을 벌여 그곳에서 일하는 원어민들과 캠프에 참가한 가족들로부터 많은 칭찬과 사랑을 받았다고 한다.

그해에는 또 여름방학을 하자마자 22명의 학생들이 국제기아대책본부에서 주관하는 해외봉사 프로그램에 참여했다. 가야 할 나라는 말레이시아로 정해졌는데, 말라리아 감염에 대비해 두 차례에 걸쳐 약까지 복용할 때는 기특한 마음과 걱정스러운 마음이 더해져 학생들이 너무도 자랑스러웠다.

이외에도 학생들은 적십자 차를 학교로 방문하게 하여 매년 200여 명이 헌혈을 한다. 하고 싶어도 나이가 되지 않아 못하는 것을 안타까워하는 학생들을 보면 감격스러운 마음이 절로 생긴다. 나는 아직 제대로 된 집도 한채 없이 학교 내의 사택에서 살고 있지만, 학생들이 나의 힘이요 나의 상급인 것을 생각하면 날마다 힘이 솟는다.

고양외고에서 봉사는 학생들만의 것이 아니다. 교직원들도 학생들과 같이 수해 현장에서 힘껏 봉사를 했고, 평소에도 학생들과 함께 청소를 하신다. 청소를 하시는 분들이 따로 있어 계단과 화장실, 복도는 직접 청소할 필요가 없지만, 각 반 교실은 매일 각 반 학생들이 청소해야 한다. 그런데 요즘 아이들은 집에서 청소 한번 시키지 않는지 그나마도 잘 못하는 학생들이 많다. 이럴 때는 선생님들이 학생에게 지시를 하는 것이 아니라, 직접 나서서 물걸레로 교실 바닥을 말끔히 닦고 복도, 심지어 화장실까지 청소를 하면서 솔선수범을 할 정도이다.

한번은 여름방학식을 하고 모처럼 모두 일찍 귀가를 시켰다. 오후 5시경 산책이라도 할 겸 학교를 둘러보는데, 맞은편에서 교사 한분이 대걸레를 들고 뒷마당으로 나오고 계셨다. 내가 선생님을 보며 얼른 "아직도 안가시고 무엇을 하세요?"라고 물었지만, 선생님은 "네, 아무것도 아니에요"라고 대답하며 겸연쩍게 웃으신다. 나는 물론 선생님이 무엇을 하고 계신지 안다. 학생들이 모두 돌아간 후에도 직접 나서서 교실 바닥을 말끔히 청소하고 책상을 가지런히 정리하고 계신 것이다.

2007년의 6기 신입생을 맞는 입학식 날 아침에도, 12명의 담임교사들은 손수 걸레를 들고 교실이며 복도, 사물함까지 깨끗하게 청소해두었다. 이런 것은 누가 억지로 시킨다고 할 수 있는 것이 아니다. 이런 행동은 새로 들어올 학생들을 생각하며 기쁘게 헌신하는 마음에서 우러나오는 것이다.

교사들의 가장 강력한 무기 중 하나가 솔선수범인데, 우리 학교 교사들은 학생들에게 모든 면에 있어 모범을 보이시는 훌륭한 분들이다.

나는 고양외고를 책임지면서 하나님께서 나에게 "섬기는 지도자"를 요구하신다고 느꼈다.

나를 낮추고 남을 섬기는 것은 쉽지 않다. 때때로 학생들은 내가 요술방망이라도 갖고 있는 양 이거 저거 해달라고 조르는데, 한편으로는 얄밉다가도 한편으로는 내가 그만큼 학생들에게 편하게 다가가고 있는 것 같아 마음이 편하다. 때때로 학부모들의 지나친 기대와 요구를 대할 때도 마찬가지이다. '어쩌면 학교 사정은 하나도 모른 채 끊임없이 요구만 할까'라고 괴롭게 생각하다가도, '이 문제를 잘 해결하면 한층 학교가 발전할 수 있겠지'라고 여기며 마음을 다스린다.

그리고 여러 학생과 학부모, 학교를 위해 기도를 드리면 너무나 자연스럽게 문제가 해결되는 것을 볼 수도 있다. 나 자신도 지시하고 감독하는 교장이라는 지위에 머물기보다는 상대를 섬기고 봉사하는 자세를 갖기 위해 노력한다. 그러면 여러 교사들이 솔선수범하는 것을 보고 지낸 학생들도 섬기고 봉사하는 진실한 지도자로 자라날 수 있지 않겠는가.

꼭 자기가 가진 게 있어야 봉사할 수 있는 것이 아니다. 부족해도 마음을 쓰고 시간을 내면 다른 이들에게 충분한 도움을 줄 수 있다. 비록 가진 게 적고 할 수 있는 일이 적더라도, 봉사하려는 마음만 가지고 있는 한, 얼마든지 기회는 있기 마련이다.

Student 05

고양외고에 재학하는 학생들 모두가 확실한 외국어 구사 능력을 갖출 수 있도록 지도하는 데 온 힘을 쏟고 있다.

세계로 나아가는 학생들

2002년 외국어고등학교 중 후발주자로 출발한 고양외고는 "세계를 향하여, 미래를 향하여"라는 슬로건에 맞게 첫 신입생들을 대상으로 해외유학반을 모집했다. 많은 학생들이 폭발적인 관심을 보였지만, 정작 설명회를 듣고 해외유학을 결심한 학생들은 5명뿐이었다. 아직 어린 나이에 부모님과 친구들을 떠나 낯선 외국으로 간다는 것이 결코 쉬운 일이 아니기 때문이다.

5명중에 1명만이 해외 거주 경험이 있었고, 1명은 2학년 때 교환학생으로 미국을 다녀온 적이 있는 학생이었다. 다른 학생들은 모두 외국이라고는 가본 적이 없는 학생들이었다. 숫자는 비록 작더라도 세계로 나아가기 위해 모험을 결정한 학생들이 대견스러워, 나와 교직원들은 백방으로 노력을 기울였다.

주위의 모든 사람들이 이런 경우는 처음 겪는 일이라서 막막한 일도 많고 걱정도 되고 마음이 상하는 일들도 있었지만, 다행히 미국 대학으로부터 입학 허가를 기다리던 5명의 학생 전원에게 기쁜 소식이 전해졌다. 5명의 학생 전원이 해외유학을 떠나게 된 것이다. 코넬대학 3명, 뉴욕대학과 일리노이대학에까지, 고양외고의 첫 번째 해외유학반이 험한 길을 헤치고 성공적으로 스타트를 끊은 것이다.

나는 이들을 위해 수고해준 부모님들과 지도교사, 그리고 이들이 잘 되도록 협조해준 여러 선생님들께, 그리고 무엇보다도 다른 길을 개척하며 열심히 노력한 학생들에게 깊은 감사의 마음을 갖고 있다.

1회 유학반이 가시적인 실적을 내자 2기들은 자신감을 갖게 되었다. 해외유학반 2기 6명도 모두 해외의 명문대학에 전원 합격하여 유학을 가는 실력을 과시했다. 특히 2기는 미국 뿐 아니라 일본으로도 진출하여, 메이지대학과 히토찌바스대학, 와세다대학, 게이오대학으로 진학했다. 일본으로 가기를 결정한 학생들이 얼마 되지 않아 학교에서는 큰 도움을 주지 못했는데, 여러 선생님들과 학생들이 끝까지 포기하지 않고 유학을 성공시킨 것이다.

2007년에는 일본의 와세다대학과 협약을 맺게 되어, 내가 우수한 학생을 추천하고, 추천을 받은 학생이 몇 가지 조건을 충족하면 2명까지 입학을 시킬 수 있게 되었다. 협약을 맺기 전, 와세다 대학의 관계자들이 우리 학교를 방문한 일이 있었다. 그들은 학생들과 일본어로 대화도 하고 고양외고의 실력과 발전 가능성에 대해 여러 자료를 확보한 후 일본에 돌아가 협약을 맺기로 확정한 것이다.

2008년부터는 입시가 더욱 다양해지고 각 대학도 특성화를 강화하여 국제화를 지향하는 학부를 육성하는 정책이 뚜렷해졌다. 그 중 하나가 연세대학교 등에서 모집하는 국제학부이다. 연세대의 언더우드 국제학부에서는 영어로 전과목을 강의하여 정원의 절반은 해외 거주자로, 절반은 국내 학생들로 모집하는 등, 경쟁력 있는 교육을 제공하고 있다.

고양외고는 각 명문대학에서 제공하는 국제학부에 도전하기 위해 1학년부터 국제학부를 개설하여 학생들에게 필요한 것들을 교육시키고 있다. 국제학부를 지원하는 학생들은 매년 늘어나고 있는 추세이다.

나는 21세기 글로벌시대의 지도자라면 국제어인 영어를 자유롭게 구사할 수 있어야 한다고 생각한다. 따라서 영어말하기인증시험인 ESPT를 고양외고의 모든 학생들에게 소개하고 시험을 치르게 하여 공인 영어 말하기에서 실력을 인정받도록 하고 있다. 물론 중국어능력시험인 HSK, 일본어능력시험인 JPT와 JLPT, 그리고 스페인어능력시험인 DELE에서도 학생들이 전공어를 살려 전공어 능력을 평가하는 공인점수를 얻도록 지도하고 있다.

또한 해외로 진학하든 국내로 진학하든, 나는 고양외고에 재학하는 학생들 모두가 확실한 외국어 구사 능력을 갖출 수 있도록 지도하는 데 온 힘을 쏟고 있다.

Student 06

나는 여러 학생들이 학업으로 고생했던 날들을 생각하고, 어디에 가든지 사랑으로 가르쳐준 교사들과 하나님의 말씀을 기억하는 굳세고 지혜로운 지도자들이 되기를 진심으로 바랐다.

눈물의 졸업식과 졸업생

2005년 2월, 고양외고는 첫 졸업생을 배출하게 됐다. 2002년 고양외고 첫 입학생을 받기 위해 노력한 것을 생각하니 만감이 교차했다. 나는 졸업식 전부터 학생들 졸업식 생각만 하면 눈물이 쏟아질 것 같았다. '고양외고 첫 신입생들이 이렇게 졸업하는구나'라고 생각하면 눈물부터 나왔다.

처음에 나는 학생들 이름을 다 알지 못하는 것이 무척 미안해서 교사들에게 학생들이 꼭 명찰을 달고 다니도록 지도를 부탁했었다. 그래서 때때로 내가 학생들의 이름을 불러주면 아이들은 깜짝 놀라하면서 자기네들끼리 힐끗 쳐다보며 의미 있는 웃음을 짓기도 한다. 내가 자기들의 이름을 안다는 사실이 놀랍다는 표정이다.

나는 내 스스로가 너무 이상하게 느껴졌다. 학생들은 똑똑하고 명랑해서 즐거운 일도 많았지만, 첫해인 만큼 시행착오도 많고 여러 가지 요구도 많아 지긋지긋하게 힘들고 속상한 일들도 많았다. 이런 학생들을 졸업시키는 것이니 속이 후련해야 하는데, 전혀 그렇지가 않았다. 이것이 '미운 정 고운 정 다 든다' 는 이야기인가 보다.

첫 번째 자식들을 보내면서 나는 졸업식을 하루만 갖는 것이 부족하게 생각되었다. 그래서 졸업식 전날을 졸업감사예배로 정해 이틀에 걸쳐 졸업식을 치르게 했다.

귀한 아이들을 보내는 졸업식인 만큼, 내빈들께 보내는 초대장도 고르고 골라 가장 품위 있고 아름다운 것으로 발송했다. 대부분의 시상은 졸업감사예배를 드리면서 전달했고, 졸업식은 6학급 259명의 졸업장을 한 사람씩 수여하는 것으로 채워질 것이다.

2005년 2월 16일, 드디어 고양외고 제1회 드림팀 259명의 졸업식이 시작되었다. 사랑하는 학생들을 내보내면서, 학생들 한명 한명에게 졸업장을 수여하면서, 나는 오래지 않아 방울방울 눈물이 떨어지는 것을 막을 수 없었다.

나는 회고사를 할 때쯤 눈물을 흘릴 것이라고 생각하여 회고사 원고 옆에 손수건을 놓아두었는데, 졸업장 수여시부터 눈물을 흘리게 되니 큰일이었다. 애써 학생들에게 들키지 않으려고 눈을 크게 떴지만 고였다가 흐르는 눈물을 막기에는 역부족이었다.

마침내 졸업생들 모두에게 졸업장을 수여하고 회고사 차례가 되었다. 몇 단어 이야기하지도 않았는데 목이 메고 눈물이 앞을 가려 말을 잇기가 어려웠다. '저 학생들이 내가 자기들을 얼마나 귀하게 생각하는지 알기는 할까, 이런 것이 짝사랑을 하는 마음인가, 학생들은 지긋지긋한 학교를 떠나게 되었다고 잔뜩 좋아하고 있는 것이 아닐까?' 하는 생각이 두서없이 떠올라 더듬거리며 말을 하고 있는 내 모습이 참으로 애처롭게 보였다.

나는 여러 학생들이 학업으로 고생했던 날들을 생각하고, 어디에 가든지 사랑으로 가르쳐준 교사들과 하나님의 말씀을 기억하는 굳세고 지혜로운 지도자들이 되기를 진심으로 바랐다. 그리고 "이제는 더 이상 이곳의 학생이 아닌 졸업생들로 모교의 이름을 드높이고 하나님의 능력을 전하거라"라는 말로 흐느끼며 회고사를 끝맺었다. 그렇게 나는 눈물로 고양외고의 첫 번째 학생들을 험한 세상에 내보내게 된 것이다.

여기저기서 학생들의 훌쩍이는 소리가 들려오기 시작했고, 졸업생 대표의 연설이 시작되었다. 그 선생에 그 제자라고, 학생도 제대로 이야기를 잇지 못하고 흐느꼈다. 그렇게 시작한 졸업생 대표 연설은 교장과 학생들, 그리고 교사들의 울음바다 속에서 간신히 끝을 맺었다.

참석했던 방문객들은 졸업식이 감동적이었다고 하는데 나는 몹시 부끄럽고 쑥스러웠다. 지금도 나는 내가 무엇 때문에 그렇게 졸업식에 흐느끼고 목이 메었는지 정확히 알지 못한다. 아마 그동안 겪었던 어려움들이 마음 속 깊은 곳에 깔려 있다가, 아이들이 떠나는 날 한꺼번에 솟아오른 것이 아닌가 생각된다.

학생들과 함께 한 3년은 되돌아올 수 없지만, 아이들과 함께했던 수많은 추억들이 있다. 봉사활동, 7-11의 고된 학교생활, 해외연수, 수학여행, 강당에서의 월드컵응원공연, 교내찬양경연대회, 수능 감사예배… 나는 이러한 추억들이 학생들의 마음속에 오래도록 남아 고양외고를 자랑스러워하고 그리워해주길, 또한 이곳에서보다 더 열심히 더 넓은 세상에서 실력을 발휘하며 살아가기를 간절히 바라며, 나의 꿈이었던 드림팀 학생들을 졸업시켰다.

얼마 전 어떤 교사가 "교장선생님, 교장선생님의 얼굴이 연세대학교 대자보에 붙었어요"라고 말을 해 깜짝 놀랐다. 나는 고지식한 사람이라서 남들이 유머실력을 발휘해도 그 뜻을 잘 몰라 해석하는 데 시간이 걸린다. 그런 나를 보고 사람들은 즐거워하는 것 같은데, 이번에도 대자보에 난데없이 내 얼굴이 붙었다는 것이 무슨 뜻인지 몰라 그 말을 한 선생님을 한참 쳐다보았다.

그 선생님은 열심히 설명을 해 주신다. 연세대학교에 진학한 고양외고 학생들이 대학교 대자보에 고양외고 홈페이지에 있는 내 얼굴을 스캔하여 크게 확대한 후 그 옆에 글을 썼다고 한다. 내용은 "이분을 알고 있는 사람들은 모두 OO월 OO시 OO앞에서 만나자"는 것이었다.

나는 뒤늦게 웃음을 터뜨리며 동창생들이 신입생을 환영하는 동창모임을 갖는 데 내 얼굴을 붙이고 동창회를 공고했음을 알았다. 내 학생들이었지만, 기발한 아이디어와 함께 각자 자신들의 모습을 가꾸어가는 젊은이들로 자라는 모습이 참으로 대견하다.

졸업하고 나서도 끊임없이 학교를 방문하는 졸업생들을 만나면 참으로 반갑고 고맙다. 때때로 학생들이 고등학교를 그리워한다는 것이 믿기지 않아 "대학교 좋지?"라고 물으면 학생들은 "네, 고양외고도 좋아요"라고 대답한다. 나는 겸연쩍게 "그래도 대학이 좋지, 고생만 했던 고양외고가 뭐가 좋아?"라고 슬쩍 반문하면, "아니에요. 고양외고는 고양외고 대로 너무 좋았어요. 그리고 때로는 고등학교 시절이 그리워요"라고 대답한다.

　나는 바보스럽게도 그 말을 고맙게 받아들이며 마음속 깊이 간직한다. 그리고 내가 하는 일이 결코 헛된 일이 아닌 것을 아이들을 통해 확인하려고 하는 내 모습을 발견하게 된다.

나의 힘이 되신 여호와여 내가 주를 사랑하나이다
여호와는 나의 반석이시요 나의 요새시요 나를 건지시는 자시요
나의 하나님이시요 나의 피할 바위시요 나의 방패시요
나의 구원의 뿔이시요 나의 산성이시로다

시편 18 : 1 - 2

Advance 05
약진하는 고양외고

Advance 01

벽제고등학교에 부임했을 당시, 첫해의 총 8학급에서는 학급을 증설하기가 매우 어려웠는데, 이제는 학급 증설을 계획하지 않아도 하나님의 뜻대로 36학급이 되었다. 이것은 도저히 나의 생각과 계획으로는 이루어질 수 없는 일이었다.

새로운 도전, 학급증설

2002년, 고양시를 비롯한 경기도 내의 몇 개 시에서 평준화를 실시할 때, 벽제고등학교는 과감하게 외국어고등학교로의 전환을 맞이하였다. 외고로 전환하면서 겪었던 마음고생은 이루 말할 수 없었지만, 고양외고는 1학년 신입생 6학급을 모집하여 감격의 입학식을 갖고 희망차게 출발하였다.

첫 입학생 259명은 나에게 소중한 첫사랑과 같은 존재들이었고, 세계에서, 또 국내에서 모셔온 교사들은 나의 무형의 재산들이었다. 아침 7시부터 밤 11시까지 학생들과 고생하면서, 나 자신의 부족함으로 인해 겪는 여러 어려움을 하나님의 말씀을 의지하여 이겨내야만 했다.

학생과 학부모, 심지어 교사들까지도 내가 무슨 알라딘의 요술램프라도 가지고 있는 양 조금만 불편해도 불만을 터뜨리며 원하는 것들을 요구했다. 그러나 나는 능력이 부족했기에, 마음이 상할 때면 하나님 앞에 무릎을 꿇고 기도하며 말씀을 붙잡고 다시 일어섰다. 그래도 참기가 어려우면 학교에서 20분 거리에 위치한 금식기도원으로 가곤 했다. 그곳에 가서 기도하면서 눈물을 흘리다 보면 나는 다시 새로운 힘을 얻고 찬양하며 돌아오게 된다. 하나님께서 연약하고 부족한 나를 위해 이렇게 가까운 곳에 기도원을 만들어 놓으셨다고 멋대로 생각하면서 감사도 드린다.

그렇게 날마다 부딪히는 일들을 처리하면서 어렵게 하루하루를 지내는데, 앞에서도 말했듯이 평준화 정책을 불만스럽게 생각하는 학부모들이 그 대안으로 외국어고등학교를 선호하게 되었다. 이런 분위기를 타고 경기도의 여러 자치단체에서는 교육청과 협력하여 외국어고등학교를 설립한다는 계획을 연이어 발표하였다. 어떤 지방자치단체에서는 300억을 들여 외국어고등학교를 설립하겠다는 계획을 언론에 보도하기까지 했다.

당시에 평소 알고 지내던 공무원의 학교 이전 권고에 나는 흔들리고 있었다. 특히 고양시에 학교를 할 만한 장소를 잘 알고 있다고 하시고, 땅값도 싸고 장소도 넓다며 지도까지 건네주셨기에, 나는 2004년의 이른 봄에 묘지가 잔뜩 들어선 곳에 발을 들여놓게 되었다.

그동안 벽제중학교와 벽제고등학교 교장으로 갈팡질팡하며 애를 썼던 내 자신이 떠올라 흐르는 눈물을 막을 수 없었다. 많은 사람들이 화장터만을 떠올리는 벽제에서, 수많은 사람에게 허리를 굽혀가며 외국어고등학교로 전환을 한 것이 엊그제 일만 같았다. 고양외고로 전환한 뒤에도 새벽부터 밤늦게까지 가정도, 개인의 삶도, 건강도 돌보지 못한 채 숨 돌릴 새도 없이 달려왔는데, 지금 내 앞에 놓인 땅은 공동묘지가 가득 찬 학교부지란 말인가.

그동안 애써 믿음으로 버티며 긍정적으로 생각해왔던 것이 서서히 허물어지면서 눈물이 뺨을 타고 줄줄 흘러내렸다. 나는 내 자신이 처량하여 흐르는 눈물을 닦을 생각도 하지 않고 차 안에 앉아 운전대를 손에 쥔 채 소리 내어 울었다.

그리고 강하게 하나님께 탄원했다. "하나님, 저는 공동묘지는 싫습니다. 화장터에서도 너무 힘이 들었는데, 이제 산 속 깊이 들어와 공동묘지에서 다시 시작하라고 하시면 저는 못합니다. 저는 못해요, 너무 무섭습니다."

나는 흐느끼며 운전대를 잡고 서서히 운전을 하면서 다시 하나님께 부르짖었다. 그 때 내 마음 깊은 곳에서 하나님의 음성이 들렸다. '성화야, 내가 너를 사랑한다. 공동묘지 앞에서 울지 마라. 절대로 공동묘지 앞에 너를 세우지 않을 것이다.'

나는 격앙된 상태에서 하나님의 음성을 들었다고 생각하고 힘차게 운전대를 꺾어 기도원으로 향했다. 속으로는 '그래, 하나님은 절대로 나를 이 절망 속에 두지 않을 것이다. 나를 얼마나 사랑하시는 하나님이신데, 또 나의 연약함과 나의 성품을 모두 아시는 분인데, 나를 이런 곳에 두실 리가 없어. 기도해야지, 기도해야지, 끊임없이 기도해야지' 하는 마음뿐이었다.

나는 늘 찾는 금식기도원으로 자동차를 몰았다. 언제나 그곳에는 어떤 형태이든지 성회가 열리곤 했다. 나는 어두워진 기도원 입구에 들어서면서 대성전으로 향했다. 무슨 기도를 해야 할지도 떠오르지 않았지만 정신이 없는 상태에서도 예배를 드리고, 손을 들어 주님을 찬양했다. 예배드리는 성도들과 함께 통성으로 기도드리며 눈물로 하나님께 나아갔다.

"하나님 말씀하시옵소서. 말씀하시옵소서. 나의 길을 인도하여 주옵소서" 간절히 기도하고 있는데 나직한 하나님의 음성이 들렸다. '학급을 증설하라' 나는 깜짝 놀랐다. "하나님, 어떻게 학급 증설을 할 수 있습니까?"

고양외고는 2002년 6학급으로 신입생을 모집한 후, 2003년에도 학급 증설을 하여 8학급의 신입생을 모집했다. 나는 고등학교는 학년당 8학급이 아주 좋은 것 같았다. 학교 크기도 적당하여 학생들 하나하나에 관심을 갖고 지도할 수 있었고, 교사들과도 정겹게 식구처럼 생활할 수 있었다. 그래서 모든 시설을 학년당 8학급에 맞추어 24학급 규모의 교실과 회화실, 교사 연구실, 과학실, 식당, 기숙사, 강당까지 구비하여, 이제는 질적으로 학교를 키워야겠다고 생각하고 있었는데, 갑자기 하나님은 학급 증설을 이야기하는 것이었다.

나는 놀랐지만 언제나 위기 상황이 찾아오면 하나님은 나에게 말씀을 주셨고, 돌이켜보면 그 길밖에 없었으므로 나는 순종하는 쪽을 택해 왔다. 이번에도 공동묘지 앞의 땅은 포기하고 학년당 12학급으로 증설하는 것이 훨씬 낫다는 생각이 들었다. 그리고 언제나처럼 하나님이 함께 하시면 할 수 있다는 확신이 들었다. 지금까지 크고 갑작스러운 일은 하나님이 직접 계획하시고 나에게 말씀하셨기에, 이번 일도 하나님께서 계획하셨다면 모든 것을 하나님께서 인도하실 것이라는 믿음이 생겼다.

그래서 하나님 앞에 다시 "주님 당신이 원하신다면, 그리고 이 길이 제가 가야 할 길이라면 부족한 저에게 확신을 주십시오"라고 기도를 드렸다.

어려울 때마다 붙잡고 기도하는 성경 글귀가 있다. 유학생 시절부터, 겁이 나고 두려움이 밀려들면 "주께서 나의 등불을 켜심이여 여호와 내 하나님이 내 흑암을 밝히시리이다. 내가 주를 의뢰하고 적군에 달리며 내 하나님을 의지하고 담을 뛰어넘나이다"(시 18:28, 29)라는 구절에 매달렸다.

캄캄한 흑암이 나를 두르고 있고 내 앞에 높은 담이 쳐져 있을지라도, 주님이 나의 등불을 켜시고 나의 흑암을 밝히신다. 나는 이제까지 주님과 함께 적군을 뚫고 높은 담을 뛰어넘는 체험을 수없이 했었다. 나는 내 힘으로 뚫고 나갈 수 없는 어려운 일이 생기면 하나님을 의지하고 주님이 인도하시는 길로 나아갔다. 이번에도 확신이 생겼다. 하나님이 나와 함께 하시면 할 수 있다는 생각이 굳게 들었다.

운전대를 잡고 다시 학교로 돌아오는 나는 이미 몇 시간 전에 공동묘지 터에서 엉엉 울던 나약한 내가 아니었다. 나의 마음은 하나님의 크신 계획으로 가득 찼고, 믿음으로 충만해져 있었다.

나는 돌아오자마자 교감선생님에게 학급 증설 계획을 말씀드렸다. 일단 학년당 12학급으로 학급 증설을 결정하고 나니 학급 증설의 당위성이 떠오르고 마음은 기대로 들떴다.

학년당 8학급을 운영하는 학교는 평안할 것 같지만, 입시지도를 하는 고3 선생님들에게는 반드시 좋은 것도 아니다. 고3 담임을 맡고 있는 교사들은 학급의 규모가 작으면 석차 백분율이 낮아져 서울대를 보내기가 어렵다고 이야기하곤 했다.

우수한 학생들을 많이 모집하면 훌륭한 인재들을 많이 배출할 수 있다. 학업을 지도하면서 전도할 수 있는 대상도 늘어난다. 하나님의 학급 증설 계획은 나의 인간적이고 소심한 경영과는 확연한 차이가 있었다. 마음속에서는 하나님의 뜻에 순종해야 하는 이유들이 하나씩 늘어나기 시작했다.

이제는 학급 증설을 하기 위한 구체적인 절차들을 밟아야 했다. 가장 시급한 문제는 학급증설에 필요한 시설을 확충하는 것이었다. 먼저 예산을 확보해야 했고, 또 건물을 짓기 위해 우리 학교가 안고 있는 그린벨트상의 관리계획 변경 승인을 얻는 절차를 밟아야 했다. 그리고 경기도 교육청으로부터 학급 증설을 승인받아야 했다.

혼자 생각할 때는 태산처럼 육중해보이던 문제들도 하나님의 뜻과 함께라면 넘을 수 있는 생각이 들었다. 참으로 신기한 일이었다. 마음이 평온해지면서 담력이 생겼다. 하나님은 고양외국어고등학교를 키우려 하시는구나.

어떤 사람은 이런 나를 보고 욕심이 많다고도 하고 배짱이 좋다고도 한다. 그러나 나는 남편과 세 아이들만으로도 언제든지 감사하고 기뻐하는 사람이다. 욕심은 자기의 것에 만족하지 못하고 남의 것까지도 빼앗으려 하는 것이지만, 나는 남의 것을 탐하고 남의 것을 갖지 못해 애태운 적은 한 번도 없다.

그러나 나는 나에게 주어진 것은 아무리 작은 것이라도 소중히 여기고 아끼며 최선을 다하려는, 책임감이 강한 사람이다. 그래서 남의 눈에는 욕심이 많은 사람처럼 보일지도 모른다. 나는 적어도 나를 만나고 나와 함께 한 사람들에게는 어떤 피해도 주지 않아야 하는 것을 신념으로 하고 있으며, 또한 나를 통해서 그들이 하나님을 알 수 있고 하나님께로 가까이 가는 계기가 될 수 있기를 열망하는 사람이다.

배짱이 좋다는 말도 나를 모르는 사람들이 겉모습만 보고 하는 말일 것이다. 나는 겁이 많고 수줍음을 타며 혼자 있는 것을 좋아하는 편이다. 그렇지만 책임감이 강하기 때문에 내가 나서야 하는 상황이 오면 쑥스러운 마음을 접고 사람들 앞으로 당당히 걸어 나간다. 그러나 하나님만은 내가 속으로 얼마나 떨리고 두려운지, 내 마음이 얼마나 연약한지 아실 것이다. 그래도 내 곁에는 언제나 하나님이 계시고, 나와 더불어 어렵고 힘든 결단을 내리신다.

나는 "항상 기뻐하라 쉬지 말고 기도하라 범사에 감사하라 이는 그리스도 예수 안에서 너희를 향하신 하나님의 뜻이니라"(살전 5:16~18)라는 말씀을 언제나 마음속에 새겼다. 그래서 작은 학교를 주셔도 감사하고 부족하다고 느껴져도 그대로 감사하면서, 어려운 일이 있으면 또 나름대로 해결을 요청하며 기도해왔다.

그렇지만 학교가 더 커지고 더 많은 학생들을 보내달라고 기도하지는 못했다. 나는 내 부족함과 학교법인의 재정 상태를 누구보다도 잘 알았다. 따라서 고양외고로 전환하게 된 것부터 시작해서, 현재의 학교 규모를 갖추게 된 것만으로도 감사했고, 어려울 때마다 기도를 올렸지만 더 이상 욕심을 내지는 않고 있었다. 하나님께서는 소심한 나의 등을 떠밀어 더 많은 학생을 보내주시고, 더 높은 목표를 향해 갈 수 있도록 이런 위기를 주시고 결단을 요구하신 것이었다.

2005년 3월, 나는 12학급의 신입생을 맞이하게 되었다. 이제 고양외고는 전국에서 특목고 중에는 제일 큰 학교가 되었다.

2007년에는 12학급씩 3개 학년이 완성되어 전체 36학급이 되었다. 특히 고양시에는 과밀학급이 많아, 교육청에서는 타시군의 인문계 학생들이 학급당 35명인데 비해 다섯 명이 더 많은 학급당 40명을 받도록 권고하였다. 따라서 고양외고는 전국에서 가장 많은 학생이 있는 외국어고등학교가 된다.

생각할수록 신기한 일이다. 벽제고등학교에 부임했을 당시, 첫해의 총 8학급에서는 학급을 증설하기가 매우 어려웠는데, 이제는 학급 증설을 계획하지 않아도 하나님의 뜻대로 36학급이 되었다. 학생도 학급당 40명이나 된다. 이것은 도저히 나의 생각과 계획으로는 이루어질 수 없는 일이었다.

나는 하나님이 나를 뜻대로 쓰실 수 있도록, 나를 비우는 일에 민감하고 부지런한 반응을 보여야 했다. 나에게도 원칙이 있지만 그것이 주님의 뜻 앞에 편견이 되지 않도록 기도하며, 하나님이 나의 원칙을 깨라 하시면 주님의 뜻을 묻고, 내가 가진 원칙을 포기해가면서 나를 통해 주님이 뜻하신 결과를 보고 싶었다.

하나님은 그렇게 주님의 계획대로 고양외국어고등학교를 키워가고 있었다. 나는 그분의 크신 날개에 감싸여 양육되고, 그분의 날개를 타고 우리 학생들이 세계로 나아가는 꿈을 꾼다.

> Advance 02
> 많은 학생들이 그리스도를 알아가고 하나님께 쓰임을 받아 전국 곳곳에서, 세계 각국에서 활약하는 모습을 그려보면, 어떠한 어려움도 견딜 수 있을 것 같다.

한 알의 밀알이 황금빛 밀밭으로

나는 늘 교사와 학부모들에게 고양외고는 하나님이 운전하시는 학교이고 하나님이 주인이신 학교라고 이야기해 왔다. 그래서 고양외고가 출발한 2002년부터 교직원들은 아침 예배 겸 조회로 하루를 시작하고, 7:50분에 대부분의 교실에서 교사들과 학생들이 아침 예배를 드리고 있다.

지금은 교사 예배도 우렁차고 기도도 힘이 있으며 학생들의 찬양소리도 크지만, 처음부터 그랬던 것은 아니다. 나는 "네 시작은 미약하였으나 네 나중은 심히 창대하리라"(욥 8:7)라는 말씀의 의미를 고양외고에서 영성이 피어나는 것을 보면서 새삼 느끼게 된다.

고양외고가 출발하면서 모든 공식적인 제도를 만들기 전, 나는 가장 먼저 교사 예배와 학부모 기도회를 계획했다.

학부모 기도회는 입학식 1주일 전부터 자원한 학부형들과 함께 시작되었다. 첫 모임에는 10여 명이 나왔지만, 곧 5~6명으로 고정되어 2주마다 한 번씩 모이게 되었다.

기도회의 말씀을 전해주시는 신정숙 전도사님은 은퇴하신 분이지만, 청소년에 대해 뜨거운 애정을 가지고 벽제중학교와 고양외고를 위하여 간절히 기도하는 분이다. 한번도 바쁘다거나 아프다는 말씀 없이 언제나 변함없는 모습으로 학부모 기도회에서 말씀을 전해주신다. 나도 어려운 일이 있으면 늘 전도사님께 기도를 부탁드리고 있다.

학교가 점점 커지면서 예전처럼 전도사님과 깊은 대화를 할 시간도 없어졌지만, 전도사님이 변함없는 관심과 기도로 고양외고를 도와준다는 것을 한번도 의심한 적이 없다.

전도사님의 설교 후에는 내가 기도회를 인도했는데, 학교에 중요한 일들을 한 가지씩 학부모들에게 내어놓고 합심하며 기도하는 형식으로 진행했다.

헌신적인 학부모들이 늘어나 기도회에 20여 명이 꾸준히 나오게 되면서, 기도실로 삼고 있던 이사장실이 좁아져 장소를 교장실로 옮겼다. 교장실은 전화가 자주 오고 교사들도 드나들기 때문에 기도하기에 좋은 장소는 아니었지만, 마땅한 다른 장소가 없었다.

또 그 다음 해에는 학부모들이 더 늘게 되어 푸른꿈 식당 2층에서 예배를 진행했다. 이때는 30여 명이 모여 기도를 드렸다.

2004년 봄에 나는 학부모 기도회 수첩을 들여다보다가 깜짝 놀랐다.

나는 기도의 제목을 기도회 수첩에 적어놓는데, 2003년에 적어두었던 기도의 제목들을 훑어보니 그 사항들이 100% 응답된 것을 알게 된 것이다. 나는 감격하며 이 사실을 학부모들에게 이야기했고, 한층 더 힘을 내어 기도하자고 격려했다.

이런 일이 있은 후부터 나는 한 해가 지날 때마다 기도회 수첩을 확인하며 어떤 것들이 응답되었나 살펴보는 버릇이 생겼다. 2004년에 올린 기도는 100% 응답되지는 않았지만, 이듬해인 2005년까지 모두 이루어졌다. 나와 여러 학부모들은 매년 올린 기도가 모두 응답될 것을 은근히 기대하고 있다.

지금은 그레이스관 1층에 있는 음악실에서 기도회를 하고 있다. 그동안 피아노도 없는 곳에서 목소리로만 찬양하며 기도했는데, 음악실에서 기도를 하니 한결 환경이 좋아졌다. 학부모들 중에서는 피아노를 치시는 분도 몇 분씩 계셔서 피아노를 반주 삼아 찬양도 하고, 마이크 시설도 보강되어 말씀이나 기도도 모두 마이크를 이용하여 전달이 잘 되고 있다.

고양외고의 영성은 계속 자라나 1시간 30분 이상 드리는 예배와 기도회로도 부족해졌다. 나와 전도사님이 자리를 뜬 후에도 1학년 학부모들은 학부모 기도회의 회장과 함께 남아 기도를 하고 있다고 한다. 그리고 방학 중에는 기도회를 쉬는데, 올해는 방학 중에도 학부모들이 기도하기를 원해서 고양시 일산에 있는 한 학부모님의 사무실을 빌어 2주마다 기도를 한다.

교장보다 앞서가는 학부모들의 영성에 나는 미소를 지으며 감격할 수밖에 없다.

우리 학교의 신망애관에는 교실 반 칸 정도 규모의 기도실이 있다. 이 기도실은 원래 아이비관에 있었는데, 학교가 건물 부족에 시달리다 보니 반 칸짜리 기도실도 확보하지 못해 이리저리 옮겨 다녔다. 그러다가 2005년 겨울에 드디어 아늑한 기도실이 되도록 인테리어를 하고 신망애관 3층에 자리잡았다. 이곳은 중학교, 고등학교 교사들과 학생들이 언제나 기도를 할 수 있도록 마련된 장소이다.

기도실에는 의자들이 있지만, 선생님들은 때때로 카펫 바닥에 무릎을 꿇고 기도를 올린다. 여러 사람들이 시간과 장소를 가리지 않고 기도에 몰입하는 모습들을 볼 때마다 고양외고에 하나님이 함께 하시는 이유를 발견하곤 한다.

6월의 늦은 밤, 11시가 가까워올 무렵에 학생들의 야간자율학습을 순회하던 나는 제일 마지막으로 신망애관을 둘러보게 되었다. 나는 모든 순회가 끝난 후 기도실에 들르곤 했는데, 이상하게도 그날은 4층을 다 돌아보기도 전에 기도실에 들르고 싶어졌다.

그런데 기도실 문을 여니 학부모님들이 그 늦은 시간에도 가득 둘러앉아 열심히 기도를 하고 계셨다. 나는 깜짝 놀랐지만 조용히 뒷좌석에 앉아 함께 기도를 드렸다.

학부모들은 학생들의 이름을 한 사람씩 불러가면서 끝도 없이 기도를 드리고 있었는데, 나는 '이렇게 밤을 새면서 전교생을 위해 다 기도하는 것이 아닐까' 하는 생각이 들었다.

다행히 기도는 오래 걸리지 않아 끝났고, 나는 "교장도 모르게 이 밤에 기도하러 학교에 왔느냐"며 짓궂게 놀렸다. 그러자 이번에는 학부형들이 놀라면서 "우리들은 3학년 4반 학부모들인데, 담임선생님이 기도를 부탁해서 오늘 처음으로 학교에 왔어요. 불교를 믿는 학부형도 참석했는걸요"라고 대답하는 것이었다.

나는 아무 말도 할 수 없었다. 이 밤에 학생들의 이름을 불러가며 기도하는 학부모들이 있기에, 부족한 내가 여기에 교장으로 버티고 서 있는 것이라는 생각이 들면서 가슴이 메었다.

그 기도실은 아이노스 아이들과 기도를 원하는 학생들이 아침 식사도 하기 전에 기도부터 드리는 장소이기도 하다. 그런데 이 아침 기도회에 점점 학생들이 모여들더니 음악실 1층도 모자라 강당에서 모이기 시작한다는 말을 들었다.

나는 고난주일 동안 새벽 예배를 가지 못해도, 강당에서 드리는 이 아침 기도회에는 참석해서 아이들과 함께 예배를 드려야겠다고 생각했다. 그리고 4월의 고난주일 첫날 아침 7시에 강당에 올라가니, 벌써 약 80여 명의 학생들이 조용히 기도를 드리고 있었다. 다른 학생들은 모두 아침 식사를 하려고 앞을 다투어 식당에 줄을 서고 있는데, 이 학생들은 학교에 오자마자 강당에 모여 기도를 올리고 있는 것이다.

나는 감격하여 흘러내리는 눈물을 닦으며 하나님께 "새벽이슬 같은 젊은이들이 주님께 나아옵니다. 이 젊은이들을 받으시고 주님의 역사에 동참하는 귀한 일꾼들로 사용하여 주옵소서"라는 감사의 기도를 드렸다.

그런데 그 날 오전에 그 기도회를 인도하시던 정선생님이 쓰러지셔서 병원에 입원하셨다는 말씀을 전해 들었다. 이렇게 학생들의 마음에 기도의 불을 붙이고 하나님께 나아오도록 하려면, 누군가가 희생과 헌신을 해야 했다. 정선생님은 연약한 몸으로 주일에는 목사 사모님으로,

주중에는 아이들의 새벽 기도까지 지도하다가 쓰러지신 것이다.

학생들은 선생님이 없어도 동요하지 않고 조용히 기도를 하다가 시간이 되면 의자를 접고 아침 식사를 하러 식당으로 가는 것이었다. 밤에도 학생들의 기도는 계속되어, 밤 11시에 기숙사에 돌아오면 우정의 방에서 기숙사 학생들 몇몇이 모여 기도회를 연다. "한 알의 밀이 땅에 떨어져 죽지 아니하면 한 알 그대로 있고, 죽으면 많은 열매를 맺느니라" (요 12:24)는 말씀처럼, 우리 학교는 선생님들의 헌신과 희생 속에서 젊은이들이 날개를 펴고 일어나고 있었다.

고양외고에는 아침 기도회 뿐 아니라 목요일 저녁에 열리는 목요 찬양 예배 시간이 있다. 목요 찬양 예배는 아이노스 학생들을 중심으로 자발적으로 운영되는데, 이 예배에는 3학년 학생들이 대거 참여하여 은혜를 받는다. 3학년이 되면 몸도 마음도 찌들고 신경이 예민해지는데, 우리 학교 3학년 학생들은 어려울 때면 하나님께 매달려 은혜를 받기 때문에, 다른 학교의 고3에 비해 여유가 있어 보인다.

나는 학생들에게 훈계를 하지 않는 편이다. 힘들고 지친 학생들을 붙잡아 놓고 설교를 한들 귀에 들어오지 않는다. 그리고 마음을 울리는 훈화를 하려면 시간을 들여 준비해야 하는데, 나는 그럴만한 여유도 없기 때문이다.

그 대신 한 달에 두 번 드리는 채플 예배의 강사와, 때때로 열리는 명사 초청 강사는 엄격히 선별한다. 학생들의 눈높이를 맞추어 감동을 줄 수 있는 목사님과 강사들을 초청하면, 내가 하는 간단한 훈화보다는 학생들에게 더 유익할 것이라고 생각한다. 그래도 나는 때때로 학생들을 웃

기기도 하고 위로하기도 하며 격려도 하고 때로는 당부와 부탁도 한다.

고양외고의 채플은 2주에 한 번씩 토요일에 열린다. 그러나 학생들의 반수 이상이 기독교가 아닌 집안에서 오기 때문에, 학생들의 눈높이에 초점을 둔다. 또한 기독교가 아닌 학생들은 자칫 지루해하거나 거부감을 느낄 수 있으므로, 모노드라마나 찬양, 국악 연주, 연극 등 다양한 크리스천 문화를 통해 기독교를 소개하고 있다.

학생들의 영성 향상을 위해 담임선생님들은 상담으로 이끌어주고 복음을 전파하고 있다. 각 교과를 맡은 교사들도 전도에 열심이라 고양외고 내에서는 조용하지만 강력하게 복음이 전해지고 있다. 교사들뿐만 아니라 학생들 사이에서의 전도도 활발하므로 많은 학생들이 점진적으로 하나님께 나아오게 된다. 각 학년 기도회도 자발적으로 진행되어 주마다 한번씩 모이는데, 비록 나는 참석을 못하지만 헌신적인 교사들이 기도회를 잘 이끌어가고 있다.

고양외고에는 7개의 교사 신우회가 있다. 3개의 신우회는 담당 목사님이 인도하시고, 나머지 4개의 신우회는 자체적으로 리더를 두어 운영되고 있다. 특히 각 학년 담임으로 구성된 학년 신우회에서는 각 학급의 학생들을 위해 기도하고, 선생님들 사이에서의 문제나 각 가정의 문제들을 토로하며 서로 알지 못했던 사정들을 위해 기도해준다.

중보 기도팀은 매주 내가 학교를 위해 부탁하는 기도에 집중하고 있고, 초신자 교사들을 위한 신우회와 성경연구를 깊이 하기를 원하는 신우회팀, 그리고 기숙사 학생들에게 성경공부를 가르치는 교사를 위한 기숙사 성경공부팀 등은 목사님들이 준비하여 도와주고 계신다.

고양외고의 기숙사에는 190여 명의 학생들이 있는데, 기숙사의 입소 조건이 두 가지 있다. 첫째는 수요일 저녁 식사 후에 기숙사에서 열리는 성경공부에 모두 참여하는 것이다. 또 다른 하나는 수요일 성경공부 후에 각 전공별로 있는 회화수업에 의무적으로 참석하여 회화능력을 강화하는 것이다.

1, 2학년 학생들은 수요일에 모두 일찍 귀가하여 가족과 함께하는 시간을 갖지만, 기숙사 학생들은 그렇지 못하다. 따라서 기숙사 학생들은 수요일에 제공되는 특식을 먹고 찬양시간을 가진 후 소그룹으로 나누어 성경공부를 하게 된다.

헌신적인 교사들은 수많은 학생들을 12, 13명 정도로 나누어 소그룹을 구성하고, 학생들의 영적 수준에 맞추어 성경공부를 인도하게 된다. 대부분의 교사들은 수요일에는 일찍 귀가하여 휴식을 취하는데, 기숙사 성경공부를 도와주는 교사들은 수요일에도 남아서 학생들에게 하나님의 말씀을 전하고 계신다. 누가 시키는 사람도 없는데 모두 자발적으로 도와주셔서, 나는 이 기숙사가 고양외고 전도의 전초기지가 될 것임을 굳게 믿고 있다.

나는 가슴이 터질 것 같은 어려움을 때때로 겪곤 했지만, 학생들의 영성이 무럭무럭 자라나는 것을 보면서 보람을 느낀다. 이 많은 학생들이 그리스도를 알아가고 하나님께 쓰임을 받아 전국 곳곳에서, 세계 각국에서 활약하는 모습을 그려보면, 어떠한 어려움도 견딜 수 있을 것 같다. 아이들의 꿈이 나를 지탱해하고, 그 꿈이 시간의 흐름에 따라 이루어지고 있음을 매일의 일상 속에서 만날 수 있는 나는 정말 복 받은 사람이다.

Advance 03

각계각층에서 빛을 발하는 아이들이야말로 고양외고의 진정한 자랑거리가 아닐 수 없다. 아이들의 빛나는 재능은 이루 말할 수 없이 다양하게 빛나, 일일이 열거하기 어려울 정도이다.

학교의 실적을 만드는 뛰어난 아이들

나는 처음 벽제고를 고양외고로 전환하면서, 학교는 실력으로 평가받아야 함을 깨달았다. 세상은 냉정한 곳이다. 내가 아무리 학교 자랑을 해도 학생들이 뛰어난 성적을 거두지 못하면 공허한 빈 말이 될 뿐이다.

학생들은 개교 이후 조그만 상들을 받아오기 시작하더니, 2004년에는 교육인적자원부와 LG화학, 삼성 토탈, SK주식회사, 한화석유, 호남석유화학이 공동주최하고 KAIST가 주관하는 제1회 화학탐구 프런티어 페스티벌에서 전국 최우수 학교상을 받아왔다.

인문계 고등학교가 아닌 외국어고등학교에서 화학탐구 프론티어 페스티벌의 최우수상을 받게 된 것은, 전적으로 정성껏 지도한 교사와 열심히 노력한 학생들이 이끌어낸 결과가 아닐 수 없었다. 내가 수상하는 자리에 나가자, 마침 상을 수여하려고 참석하신 안병영 교육인적부 장관님은 놀라시는 듯 했다. 과학고나 인문계고등학교가 아닌 외국어고등학교가 최우수상을 받게 되리라고는 주최측에서도 예상하지 못했을 것이다.

나는 외국어고등학교 학생들은 동일계로 가야 한다는 교육인적자원부 방침은 국제화 시대에는 적합하지 않은 정책이라고 생각한다. 어떤 고등학교에 있든지, 학생들이 원하면 무엇이든지 뒷바라지를 해야 한다. 외부에서 정해준 틀에 맞추지 않고, 아직 정해지지 않은 무한한 가능성을 인정해주어야만 학생들의 재능이 활짝 피어나는 것을 나는 매일같이 경험하고 있다. 학생들은 다양한 기회의 문을 열어주면 그 문을 열고 정말 놀라운 성과들을 보여주는 것이다.

특히 외국어는 심도 있는 학문을 연구하기 위해 필요한 기본 능력이다. 따라서 학생들이 기본적으로 외국어 능력을 갖추도록 돕는 것은 결론적으로 모든 방면에서 전문가를 육성할 수 있는 지름길이 아닐까. 그리고 또 그것이야말로 오늘날의 국제화 시대에 요구되는 참교육이라고 생각한다. 그래서 나는 학생들이 조금이라도 재능이 있고 관심이 있는 것 같이 보이면 자연계나 인문계를 굳이 구분하지 않고, 심지어는 예체능계까지도 장려하고 있다.

실제로 우리 학교는 전국의 외국어고등학교에서는 유일하게 태권도 특기생까지 모집하고 있지 않은가.

살펴보면 한국의 태권도 도장들은 전 세계에 흩어져 있다. 미국에서도 큰 도시, 작은 도시 할 것 없이 한국인들이 거주하는 지역에는 어김없이 태권도 도장이 있다. 이 태권도장은 한국인뿐 아니라 미국인들을 위한 것이기도 하다. 나는 미국에 있는 어느 태권도장에 들렀다가 태권도 사범이 미국 사람들에게 한국말로 "차렷", "경례"를 하는 것을 보고 깜짝 놀랐다. 실제로 많은 도장에서 태권도 사범들은 태권도를 지도할 때 한국의 용어를 그대로 사용해 현지인을 가르친다고 했다. 태권도를 잘 해서 세계 곳곳에 한국을 알리는 것도 뜻 깊은 일이 아닐 수 없다.

이외에도 여러 대회에서 고양외고의 학생들은 뛰어난 성적을 자랑하고 있다.

2005년 8월에는 KAIST에서 주관한 세계창의력대회에서 우리 학생들이 동상을 수상했다. 이 대회는 1997년부터 시작된 전국 창의력 경진대회가 국제대회로 발전되어 열린 것으로, 이탈리아, 일본, 중국, 태국, 프랑스 등에서 온 학생들이 결선을 치렀다. 세계의 모든 학생들이 모인 이 대회에서 고양외고가 국내외의 쟁쟁한 경쟁자를 물리치고 성과를 뽐낸 것이다.

공부 잘 하는 학교를 평가하는 한국일보 학력경시대회에서 2004년 인문계 부문 장려상, 2005년에는 인문계 은상, 2006년에는 인문계와 자연계 각각 장려상을 받고, 외국어(영어) 영역의 만점상도 수상하여 해마다 대외적으로 실력을 인정받고 있다.

수학학회의 권위 있는 대회인 수학 올림피아드에는 정만철 학생이 출전하여 전국 동상을 수상했고, 한국 수학교육평가원에서 주최하는 대회에는 김예리가 동상, 오정균 학생이 장려상을 받았다. 오정균 학생은 수학을 아주 잘 해서 서울대학교 자연계열, 성균관대학교 의과대학, 경희대학교 한의대를 동시에 합격했을 정도이다. 고등학교 때부터 주변 학생들이 이미 그를 오박사라고 부르고 있었으니, 그 실력은 이루 말할 것도 없다.

2005년 12월에는 법무부와 중앙일보가 공동주최하고 대한변호사협회가 후원하는 제1회 전국 고교생 생활법 경시대회에서, 고양외고는 단체 부문으로 법교육 우수학교상을 받게 되었다. 이렇게 우수한 학생들 덕분에 나는 학교를 대표하여 법무부장관이 수상하는 우수학교상을 받게 되었다.

2006년에 열린 한국수학교육원에서 주관한 수학 경시대회에서는 고양외고가 최우수 학교상을 수상했고, 같은 해에 한국경제신문사가 주최한 전국 초중고 영어능력 인증 및 독서 논술 경시대회에서도 우수단체상을 받게 되었다.

고양외고는 외국어고등학교답게 외국어 영역의 대회에서도 두각을 나타냈다.

2005년도에는 한국영어학과와 고려대학교 국제 어학원에서 주최한 전국영어학력시험(Tosel)에서 최우수교육기관상, 국제어학원상 등 다수 학생들이 수상의 영예를 안았다.

제6회 국제 통역사절단 선발대회에서는 2학년 노지희 양이 중국어 부문에서 일반인과 대학생과 겨루어서 당당히 은상을 수상하기도 하였다. 부경대 주최의 일어경시대회에서는 이재원 학생이 2등을 하였다.

때로 아이들의 끼는 예측하지도 못한 곳에서 피어나는 것 같다.

아리랑TV에서 주최하는 퀴즈 챔피언에는 고양외고의 INVICT팀(무적함대라는 뜻)이 출전하여 3연승의 쾌거를 올렸다.

2005년 가을에는 우리 학교 방송 동아리 학생들이 KBS에서 주최하는 VJ콘테스트에 작품을 출품하여, 당당히 최우수상을 받게 되었다. 작품의 내용은 원어민 교사인 폴 선생님이 외국에서 겪은 어려움과, 그것을 극복하면서 한국을 알아가고 학생들을 지도하는 것이다. 그런데 작품성과 내용, 기술 모두가 참신성을 인정받아 대상을 받게 되었다.

나는 아이들이 이렇게 일을 벌이니 기쁜 마음으로 여의도 KBS 방송국에 가서 상장과 상금을 받고 일생 처음으로 스튜디오 투어도 하고 학교로 돌아왔다.

이렇게 각계각층에서 빛을 발하는 아이들이야말로 고양외고의 진정한 자랑거리가 아닐 수 없다.

아이들의 빛나는 재능은 이루 말할 수 없이 다양하게 빛나, 일일이 열거하기 어려울 정도이다.

학생들뿐만 아니라 고양외고의 교사들 역시 서울대, 연세대, 고려대 등 일류대학교 출신자가 대거 포진하고 있다. 교사들의 철저한 수업 준비와 학생들에 대한 헌신적 지도는 어느 학교에서도 따라올 수 없는 우리만의 자랑거리이다. 또한 수업 연구를 통한 효율적인 교재의 재구성과 상담을 통한 맞춤식 교육, 무엇보다도 하나님을 경외하는 그들의 삶과 기도에, 하나님은 언제나 보람과 기쁨으로 응답을 주신다.

아이들과 교사들의 보람과 기쁨을 나도 함께 공유하지만, 때때로 감당하기 어려운 학생들과 학부모들의 요구로 나의 마음은 터질 것 같은 고통을 겪기도 한다. 그러나 그럴 때 마다 "하나님의 사랑과 그리스도의 인내"를 생각하며 견디어 나가는데, 그 인내가 세월이 흘러 희망의 가지에 아이들이 걸어놓은 아름다운 결실들로 달리는 것을 보면 내 마음은 한없는 기쁨으로 출렁인다.

Advance 04

하나님은 나를 파도를 이기고 파도를 기다리는 사람으로 키워주시며, 하나님이 쓰시기에 합당한 사람으로 날마다 거듭나게 하실 것이다.

파도에 맞서 나아감과 같이

귀국한지도 벌써 10년이 되었다. 때때로 크고 작은 파도가 나의 생활과 학교, 마음을 흔들며 지나갔다. 복음성가 "내일 일은 난 몰라요"처럼 내일 일을 알 수 없는 생활이 계속되었지만, 나는 항상 구름 뒤에 있는 태양과 같이 변함없는 하나님의 은혜를 하루하루 경험하고 있다. 그리고 고양외고와 벽제중학교는 크고 작은 파도에 쓸려가지 않고 반석 위에 굳게 서서 나날이 발전하고 있다. 벽제중과 고양외고는 중학교 31학급, 고등학교 36학급의 총 67학급의 규모가 되어 벽제의 관산동에 우뚝 서 있다.

2006년 3월, 나는 그동안 두 학교의 교장을 겸직하면서 겼던 무거운

짐을 덜기로 했다. 김형철 벽제중학교 교감을 이사회에 제청하여 벽제중학교 교장으로 임명하도록 하고, 나는 고양외고에 전념할 수 있도록 결정한 것이다.

나는 중학교를 떠난다는 생각을 하지 못했기에 이·취임식 행사를 치르지 않으려고 했지만, 새로 취임하는 교장선생님을 생각하여 조촐하게 행사를 치렀다. 내빈들도 법인 관계자와 학부모, 그리고 지역사회의 가까운 유지들만을 초청했다. 심지어는 남편이나 시부모님도 초청하지 않았다.

그런데 이·취임식 전날 시아버님이 전화를 걸어 조심스럽게 "네가 그렇게 고생하고 애썼던 곳인데 이제 떠난다고 하니 우리가 가서 꼭 보고 싶은데 행사에 참석해도 되니?" 하고 물으셨다. 나는 "아버님이 오시면 저는 환영하지만 괜히 불편하게 오시느라 수고하지 마세요, 오지 마세요"라고 말씀드렸다. 그러나 시아버님은 기어코 오시겠다고 하여 시부모님을 모셨다.

나는 학교일이 어려울 때마다 교사들과 학부모들과 함께 기도하며 울부짖으면서도, 늙으신 부모님께는 어려운 일보다는 좋은 소식을 전해 드리려고 애썼다. 그렇지만 고민은 말하지 않아도 티가 나는 것임을 나도 잘 알고 있다. 내가 보이지 않는다고 해도 그분들이 나의 어려움을 모르실리 없었다. 내 부모님과 시부모님은 알면서도 말없이 뒤에서 쉬지 않고 기도해주셨을 것이다. 그리고 많은 분들의 도움 덕분에 나는 이렇게 축하를 받으며 아쉬움 없이 중학교 교장직을 내려놓을 수 있게 된 것이다.

언제나 바쁜 나의 삶을 그대로 인정해주고, 아무것도 바라지 않은 채

기도해주신 네 분의 부모님들은 내가 학교 일에 매진하고 내 삶이 행복해질 수 있는 기초를 주신 분들이다.

나는 일에 지치고 힘들면 식구들과 여행을 떠나곤 한다. 학교에는 온갖 문제가 산적해 있어도, 일단 몸이 학교에서 멀어지면 가족들과의 따뜻한 시간을 보내며 모두가 새 힘을 얻고 즐거운 기분을 회복하게 된다.

올해 초여름 나는 남편과 아이들과 오붓하게 미국에 다녀왔다. 큰애는 미국의 어바나시에서 태어났고, 밑의 두 아이는 캘리포니아의 헌팅톤비치시에서 태어났다. 나는 비록 한국 사람이고, 나의 고향은 한국이지만, 아이들의 고향은 캘리포니아의 해변일지도 모른다. 내가 미국에 있을 때 종종 아이들과 함께 해변에 가서 모래성도 쌓고, 물가의 얕은 곳에서 수영도 하면서 한가롭게 시간을 보냈기 때문에, 아이들은 나이가 들수록 어릴 때의 추억이 담긴 캘리포니아의 해변을 그리워하는 것 같다.

캘리포니아의 해변들은 파도가 오면 서핑보드를 타고 파도타기 놀이를 하기에 아주 좋다. 젊은이들은 해변에서 수영을 하기보다는 서핑보트에 매달려 파도가 오는 것을 즐거운 마음으로 기다린다. 이번 여행에서는 큰아들인 현기가 이런 젊은이들을 보면서 자기도 한번 해보고 싶다고 졸랐다. 내게는 언제나 어린 아이지만, 큰애도 이제 9월이면 대학생이 되는 젊은이이다.

걱정이 되는 마음을 감추고 2달러짜리 고무 서핑보드를 하나 사주니 현기는 싱글벙글 웃으며 파도를 맞이하러 갔다. 나는 조금씩 멀어지는 아들의 모습을 바라보며 해변의 얕은 바닷가에 서있었다. 현기는 조금 있다가 서핑이 재미있다고 하면서 딸인 현정이까지 데리고 바다로 들어갔다. 아이들은 긴 서핑보드의 한쪽 끝에 매달려 파도가 밀려오는 쪽으로 가고 있었다.

나는 해변에서 아이들을 바라보며 묘한 느낌을 받았다. '아이들은 밀려오는 파도를 기다리며 바다로 향해 가는데, 나는 파도를 피해 안전한 해변에 가만히 서있구나. 인생의 파도도 그런 것이 아닐까?' 하는 생각이 든 것이다. 어떤 사람은 파도를 무서워하지 않고 도리어 파도를 기다리며 파도를 타고 즐긴다. 그런데 어떤 사람은 파도의 출렁거림에 겁을 먹고 파도가 오는 것을 두려워해 가까이 가지도 못하는 것이다.

내가 생각에 잠겨있는 동안 이번에는 두 아이가 막내 진기를 태우고 파도를 만나러 갔다. 나는 막내를 보내면서 '두 아이는 수영을 잘해 문제가 없겠지만, 진기는 아직 수영을 잘 못하는데…' 하며 걱정했지만, 한편으로는 낯선 파도에 맞서는 막내아이의 기분이 어떨지 궁금했다.

세 아이들은 다시 와서 막내를 내려놓고 이번에는 나를 데리고 가려한다. 막내 진기에게 소감을 물으니 재미있다고 대답하기에 용기를 내서 현기와 현정이 가운데 끼어 서핑보드를 탔다. 싸구려 서핑보드에 세 식구가 의존해 태평양의 파도 속으로 들어가고, 파도는 쉴 새 없이 출렁거리며 우리를 올렸다 내렸다 하였다.

한국에 돌아가면 나는 수많은 파도가 또다시 몰아칠 것임을 알고 있다. 어떤 것은 무시할 수 있는 작은 것이겠지만, 어떤 것은 나와 가족과 학교를 위협하는 거대한 파도가 될 것이다.

그러나 바다는 파도가 필요하다. 끊임없는 파도가 바다 속을 깨끗하게 해주고, 해변까지 청소해주기 때문이다. 인생의 파도도 마찬가지가 아닐까. 파도는 귀찮고 때로는 무섭지만, 그리스도 예수 나의 주님을 서핑보드로 삼으면, 우리는 오히려 안전하게 파도를 즐길 수 있게 된다.

나는 언제나 겁이 많고 두려워하는 사람이었다. 내게 주님이 없었다면 두려움이 심장을 짓눌러 벌써 예전에 심장마비 증상을 일으켰을지도 모른다. 나는 어렸을 때부터 눈물이 많았다. 부모님은 내가 한번 울면 끝장을 보기 때문에 무척 독하다고 이야기했지만, 나는 사실은 겁 많고 마음이 약한 울보였을 뿐이었다.

그러나 하나님이 나를 불쌍히 여기셔서 나의 눈물을 닦아주시고 지금까지 나의 손을 잡고 인도해주셨다. 주님은 때로 나를 주님의 날개 위에 태우시고 힘차게 날아 오르셨다. 나는 높이 올라가 겁이 날 때 마다 나의 힘이 되신 여호와를 외치며 "내가 주를 의뢰하고 적군에 달리며 내 하나님을 의지하고 담을 뛰어넘나이다"(시 18:29)라는 말씀을 붙들고 용기를 내곤 했다.

이제는 밀려오는 파도 앞에 더 이상 겁을 먹지 않을 것이다. 파도가 두려워 하나님 뒤에 숨기보다는, 파도가 하나님의 뜻이니 그 위에서 즐겁게 웃을 수 있었으면 좋겠다. 그 파도는 나의 더러움과 부족함을 씻어버리고, 깨끗하고 정결한 모습으로 닦아주는 파도이다. 하나님은 나를 파도를 이기고 파도를 기다리는 사람으로 키워주시며, 하나님이 쓰시기에 합당한 사람으로 날마다 거듭나게 하실 것이다. 그리고 나를 다듬으시면서 벽제중학교와 고양외고도 하나님이 쓰시는 학교로 자라날 것이라고 확신한다.

그리고 나는 "이스라엘아 너를 조성하신 자가 이제 말씀하시느니라 너는 두려워 말라 내가 너를 구속하였고 내가 너를 지명하여 불렀나니 너는 내 것이라 네가 물 가운데로 지날 때에 내가 함께 할 것이라 강을 건널 때에 물이 너를 침몰치 못할 것이며 네가 불 가운데로 행할 때에 타지도 아니할 것이요 불꽃이 너를 사르지도 못하리니"(사 43:1,2)라는 말씀을 떠올린다.

고양외국어고등학교는 할일이 많은 학교이다. 그리고 아직 필요한 건물도 많다. 그러나 물 가운데서도 불 가운데서도 지켜주시는 하나님의 역사가 고양외고에 늘 함께하고 있다. 고양외고는 하나님의 역사가 끊이지 않는 학교로, 하나님이 언제나 주인이신 학교이다. 나는 언제나 하나님 앞에 합당한 사람이 되기 위해 연약한 무릎을 일으켜 세우고 하늘을 우러러 본다.

고양외고는 독수리처럼 하나님과 함께 날아오를 것이다. 고양외고의 새벽이슬 같은 젊은이들은 대한민국 뿐 아니라 세계 곳곳에 퍼져나갈 것이다. 그리고 하나님의 영광을 위해 섬기는 제자들로서 그의 나라와 의를 구하게 될 것이다. 나는 오늘도 그 꿈을 간직한 채 하나님의 놀라운 역사를 기다린다.

주 품에 품으소서
능력의 팔로 덮으소서
거친 파도 날 향해 와도
주와 함께 날아오르리
폭풍 가운데 나의 영혼
잠잠하게 주 보리라

주의 용사를 키우는 꿈

제겐 꿈이 있습니다. 저희 반 급훈처럼 우리 아이들이 '만 명을 먹이는 사람'이 되길 꿈꿉니다. 만 명 분을 혼자 먹어치우는 지도자가 아니라, 만 명을 먹이는 지도자가 되어 이 세상을 아름답게 만들기를 원합니다.

제겐 꿈이 있습니다. 우리 아이들이 '주의 용사'가 되길 꿈꿉니다. 잘 먹고 잘 살게 해달라고 하나님께 조르기만 하는 소시민적 크리스천이 아니라 하나님 아버지의 마음을 알고 주를 위하여 용기 있게 행동하는 주의 용사가 되길 꿈꿉니다.

그 꿈을 위해 달려온 만 3년의 시간들을 이야기해보고자 합니다. 솔직히 맺은 열매들도 아직은 없고, 그 꿈을 이루기에 제 자신은 너무나도 부족하고 연약한 것도 압니다. 그럼에도 불구하고 용기를 낼 수 있었던 건 그 꿈을 이루어주려 하시는 주님의 마음을 함께 나누고 싶기 때문입니다.

상처받은 교만 치유하기

아이들은 누구나 가슴 속에 감당하기 힘든 아픔을 하나씩 갖고 살아갑니다. 우리 학교 아이들도 마찬가지입니다. 실력 좋은 우리 아이들에게 가장 큰 고민의 정체는 아이러니하게도 열등감입니다. 열등감의 또 다른 이름을 혹자는 상처받은 교만이라고 합니다. 그걸 감안한다면 어쩌면 당연한 결과일지도 모릅니다.

우등생으로 남에게 인정만 받고 살아왔던 아이들은 상급학교로 진학할수록 자신을 미워하게 됩니다. 학업실력이 우수했던 것이 자신이 사랑받는 이유인 줄 오해하고 살아왔기에, 우수한 아이들이 모인 이 곳에서 최고가 되지 못하는 자신을 한심하게 여기게 됩니다. 그렇기에 특목고의 아이들은 심각한 열등감을 맛보고, 그 아픔 때문에 대부분이 방황을 하게 됩니다.

싸움을 잘 하고 이성교제를 잘 하는 한 아이가 있었습니다. 남학생들 사이에서는 두려운 존재였고, 여학생들 사이에서는 바람둥이로 인식되고 있었습니다. 그날도 그 아이는 자기 친구에게 시비를 걸었다고 한 아이를 때리다가 학생부 선생님께 걸리고 말았습니다.

그 아이를 불러다가 그 행동에 대해 혼을 내고 이야기를 꺼냈습니다. "난 우리 OO가 원래 이런 아이가 아닌 걸 알아. 너 마음이 허하지? 이렇게라도 하지 않으면 네 존재감이 느껴지지 않아 견디기 힘들어 그러는 거지? 네 마음 알아"라고 했더니 이 덩치 좋은 녀석이 서럽게 울기 시작합니다. "어떻게 제 맘을 아세요? 제가 중학교 때는 공부도 잘 하고 전교 회장도 했었는데 여기 오니까 아무것도 아닌 거예요. 애들이 저를 무시하는 것 같아서 그랬어요"

그 아이와 자율학습이 끝나는 밤 11시까지 속 깊은 이야기를 나누었고, 마침내 예수님을 영접시킬 수 있었습니다.

상처 입은 치유자

저는 학기 초에 새로운 아이들을 만나면 순탄하지 않았던 청소년 시절의 개인적인 경험들, 특히 불화로 시끄러웠던 가족 이야기를 해주곤 합니다. 나와 비슷한 상처를 가진 아이들을 건져 올리기 위한 일종의 밑밥 작업이지요.

우리 학교 아이들의 가정은 감사하게도 건강한 편입니다. 하지만 한 반에 두세 명 정도는 가정의 불화 때문에 큰 아픔을 겪고 있는 아이들이 있기 때문에, 이런 과정들이 제게는 아주 중요합니다.

그 중에 한 여학생이 어느 날 저를 찾아와 심한 불면증을 호소했고, 죽고 싶다는 충동도 자주 느낀다고 했습니다. 깊은 상처가 있음을 감지하고 부모님에 대해 묻자, 큰 눈에 눈물을 흘리며 아버지가 실직 이후에 집에만 계시면서 잔소리가 심해지셨다고 했습니다. 너무 힘들어 반항을 하다가 정당한 체벌이 아닌 구타를 여러 번 당했다고 했습니다. 그 아이는 그 상처로 이미 깊은 우울증에 빠져 있는 상태였습니다.

그 아이와 저는 매일 저녁 시간에 아이비관 기도실에 가서 울며 기도를 했습니다. 성령님이 도우셔서 그 아이는 차츰 회복되기 시작했고, 새 학년이 되어서는 심화반에 들어갈 정도로 실력도 향상되었습니다. 그렇게 아이들이 변화하는 모습을 보는 것은 정말 감동적인 경험입니다.

예전에는 제가 어린 시절 겪었던 아픔들이 가혹하리만큼 버겁기만 했는데, 이제는 상처 입은 치유자로서 그 아픔들이 부족하게나마 아이들의 영성을 발전시키는 밑거름으로 사용되는 것 같아 감사할 따름입니다.

먼저 그의 나라와 의를

저는 "먼저 그의 나라와 그의 의를 구하라 그리하면 이 모든 것을 너희에게 더하시리라"(마 6:33)라는 말씀을 아이들의 상황에 맞게 '영성이 좋아지면 실력이 좋아진다' 는 공식처럼 바꾸어 강조하곤 합니다. 그리고 실제로 섬김 훈련과 묵상 훈련만 잘 시켜도 실력이 향상되는 경우를 많이 보았습니다.

학기 초에 한 아이가 제게 고민을 털어놓았습니다. 아버지께서 특목고는 내신이 불리하다는 이유로 자퇴를 강권한다고 했습니다. 그 학생은 그럴 마음이 없었지만 성적이 오르지 않아 아버지를 설득시킬 수 없다고 했습니다. 저는 그 아이에게 하나님께 지혜를 구해보자고 했고, 매일 1교시가 끝난 후 쉬는 시간 10분 동안 기도실에서 기도를 하며 1학기를 보냈습니다.

그런데 중간고사를 열흘 앞두고 학생이 기흉으로 입원을 하게 되었습니다. 중간고사를 앞두고 있는 때라 저는 그 아이가 힘들어할 것이 걱정되었는데, 그 아이는 의외의 말을 했습니다. "괜찮아요, 중간고사 볼 때쯤엔 다 나을 거예요. 하나님께서 다 알아서 하실 텐데 뭐가 걱정이에요" 저는 그 말이 마치 "주는 그리스도시오, 살아계신 하나님의

주의 용사를 키우는 꿈

아들이십니다"라는 베드로의 담대한 고백처럼 들렸습니다. 그 기도와 믿음의 열매로 마침내 그 아이는 중간고사에서 전교 1등을 하게 되었습니다.

그 사건은 지금까지도 후배들을 기도하게 하고 하나님의 일을 하게 하기 위한 실화로 계속 이야기하곤 한답니다.

한명으로 시작한 기도 모임

담임이 되고 한반이 된 학생들과 저녁 시간마다 기도실에 모이기로 했습니다. 첫 모임에 한명이 나왔습니다. 한달을 그 학생과 기도했습니다. 제가 첫 담임을 맡았던 고양외고 3기는 신앙을 가진 아이들도 적었고, 그조차 떳떳하게 드러내지 않을 만큼 영적으로 척박한 상황이었습니다.

그러나 실망하지 않고 그 모임을 지켜나가다 보니, 숨어 지내기만 하던 기독교 학생들이 여러 가지 가난한 마음들을 안고 나오기 시작했고, 여기에 신앙이 없는 아이들도 참여하면서 그 수가 늘어나기 시작했습니다.

처음에는 서로 말도 없고 어색하기만 했습니다. 그러나 점잖은 선생님이 눈물 콧물 흘려가면서 격렬하게 통성기도를 하는 것을 본 아이들은 어느 때부터인가 자기의 아픔을 토해내고 함께 울고 웃으며 끈끈한 우정을 나누게 되었습니다. 7-11 시스템으로 몸은 하루 종일 함께 있지만 마음을 나누지 못하고 외로웠던 아이들에게 그 시간은 참으로 소중하게 다가온 것 같습니다. 그곳에 모인 아이들은 더 이상 자기 문제만 끌어안고 있지 않았고, 반 아이들의 아픔과 아침 예배의 부흥을 위해 기도하기 시작했습니다.

일어나라 대한민국

반 아이들과 영적으로 깊은 관계를 맺어갈수록 학생들이 '꿈과 열정의 부재'로 괴로워한다는 것을 절감했습니다. 별다를 것 없는 소시민적 행복을 위해 대학 진학이라는 목표를 부여잡고 견뎌내는 아이들을 보면 가슴이 아프고 답답하여 화가 날 정도였습니다. 아이들에게 열정을 불어넣고 싶었고, 삶을 모두 걸어도 좋을 만한 꿈을 갖게 해주고 싶었습니다.

그런 기도를 하던 중 한 기독교 방송을 통해 'Rise up Korea'라는 전국 청소년 집회가 서울 시청 앞에서 열린다는 걸 알았습니다. 이것을 주님의 응답이라고 여긴 저는 기도 모임에 나오는 아이들과 함께 그 집회를 위해 금식과 기도로 준비했습니다.

시청에 간 그날, 가득한 지성으로도 빈 가슴을 채우지 못해 방황하던 아이들이 그 예배 현장에서 은혜를 받기 시작했습니다. 여학생들은 물론 남학생들이 휴지 한통을 다 쓸 정도로 눈물을 흘리면서 회개하며 울기 시작했습니다. 부끄러워 통성기도를 꺼려하던 아이들이 부르짖기 시작했습니다. 서로에 대한 경계심이 많았던 아이들이 서로를 부여잡고 기도해주기 시작했습니다. 꿈꿀 수 없었던 아이들이 그 곳에서 비전을 받았습니다.

주의 용사를 키우는 꿈

그곳에서 의료 선교의 비전을 받은 한 아이가 실제로 고3이 되어 의대에 진학하는 걸 보면서 참으로 감사했습니다.

은혜를 넘치게 받고 돌아오는 지하철에서의 일을 지금도 기억합니다. 지하철에서 어떤 만취한 아저씨가 바닥에 구토를 해놓고 다음 역에서 내렸습니다. 그 칸에 탄 사람들은 코를 막고 시선을 외면한 채 아무도 치울 생각을 하지 않았는데, 우리 아이들이 누가 먼저랄 것도 없이 자진해서 토사물을 치우기 시작했습니다. 그 모습 속에서 저는 그들의 앞길을 한없이 축복했습니다. "주님, 이 아이들의 모습 속에서 예수님의 모습을 봅니다. 이 아이들을 이 민족과 온 세상을 위해 사용하여 주시옵소서"

하늘을 여는 기도

Rise up Korea(라코)의 작은 부흥 이후 하나님은 많은 것을 선물로 주셨습니다. 학년 기도 모임이 시작되었고 그 기도 모임 속에서 함께 울고 웃으며 비전을 만들어 갔습니다.

올해도 라코를 다녀왔습니다. 교장선생님의 배려로 올해는 많은 선생님들과 전 학년이 모두 라코에 다녀왔습니다. 라코 준비를 위해 강당에서 전 학년 연합 기도 모임을 했을 때, 300여 명이나 모였습니다. 하나님이 "보아라, 추수할 것은 많은데 추수할 자가 없구나"라고 말씀하시는 것만 같아 전율이 느껴졌습니다. 그렇게 우리 아이들의 갈급함과 우리의 할 일이 만났습니다. 이제는 여러 선생님들이 연합하여 고양외고의 복음화와 아이들을 주의 용사로 훈련시키기 위한 체계적인 영적 공동체 만들기에 노력하고 있습니다.

이런 영적 공동체가 만들어지기까지 많은 선생님들의 노력이 있었다는 것을 압니다. 항상 기도와 눈물로 학교의 발전을 간구하시는 교장선생님, 아침마다 교직원 예배를 인도하시는 교감선생님, 아침 예배와 목요 찬양과 채플을 위해 헌신하시는 선생님들, 야간 자율학습이 없는 수요일에도 늦게까지 남아서 기숙사 성경공부를 인도하시는 선생님들, 신우회에서 아이들을 위해 기도하시는 선생님들, 공강 시간에 기도실에 와서 기도하시는 선생님들, 곳곳에 자발적으로 함께 모여 기도하시는 선생님들…

이렇게 많은 사람들의 기도가 하늘을 열만큼 충분히 쌓이면, 고양외고에서 이 시대의 모순을 끌어안고 온 세계를 품는 미래의 지도자, 주의 용사를 만드는 꿈이 반드시 이루어질 것을 믿습니다.

고양외고 교사 이 자 연

고양외고 정보

학과 소개

학과 배정방법

진학상황

교육실적

기숙사 입소안내

기숙사 내규

보도자료

학과 소개

영어과

공통영어를 비롯하여 영문법, 영어독해, 영어회화, 영어청해, 영미문화 등, 고교영어 교과과정 외의 폭넓은 영어수업을 진행한다. 특히 언어뿐 아니라 영어권 국가들의 문화를 함께 배우며, 원서와 영화, 만화 등 다양한 시청각 교재를 사용하여 수업을 진행하고, 영시낭송, 영어연극 등의 활동을 통해 학생들에게 다양하게 영어를 사용할 수 있는 기회를 주고 있다. 회화시간에는 원어민 회화 선생님들과 대화하며 듣기, 쓰기, 읽기, 말하기 능력을 배양한다. 주당 영어 수업 시수는 약 8~10시간이다.

중국어과

중국어 I·II, 중국어청해, 중국어독해, 중국어회화, 중국어작문, 중국어문법 등 중국어를 비롯하여 중국문화를 가르친다. 체계적인 어법을 공부할 뿐만 아니라, 다양한 매체를 통해 간접적인 문화체험이 이루어질 수 있도록 한다. 수학여행이나 방학을 이용한 연수도 진행하여 직접체험도 유도하고 있다. 회화시간에 원어민 회화 선생님들과 대화하며 듣기, 쓰기, 읽기, 말하기 능력을 배양한다. 주당 중국어 수업 시수는 12시간이다.

일본어과

일본어독해, 일본어회화, 일본어작문, 일본어청해, 실무일본어 등의 교과과정과 더불어 일본문화에 대한 수업을 진행한다. 학년당 2학급으로, 각종 일본어 경시대회 상위 입상과 JPT, 일본어 능력시험 등 각종 일본어 능력 검증 시험에서 좋은 성적을 올리고 있다. 회화시간에는 원어민 회화 선생님들과 대화하며 듣기, 쓰기, 읽기, 말하기 능력을 배양한다.

스페인어과

스페인어독해, 스페인어회화, 스페인어작문, 스페인어청해, 실무스페인어 등의 교과 과정과 함께 스페인 문화 수업을 병행한다. 학년당 2학급으로, 각종 스페인어 경시대회 상위 입상과 DELE, 스페인어 능력시험 등의 각종 스페인어 능력 검증 시험에서 좋은 성적을 올리고 있다. 회화시간에는 원어민 회화 선생님들과 대화하며 듣기, 쓰기, 읽기, 말하기 능력을 배양한다.

학과 배정방법

- 일반전형에서 영어과 3명, 중국어과 3명, 일본어과 3명, 스페인어과 3명씩 총 12명을 선발하는 경우

① 지원자 중에서 시험을 본 후 석차순으로 총원 12명을 선발한다.

석차	지원자	1지망	2지망	3지망	4지망
1	G	스페인	중국어	일본어	영어
2	F	중국어	일본어	영어	스페인
3	H	영어	중국어	일본어	스페인
4	A	중국어	일본어	영어	스페인
5	I	중국어	일본어	스페인	영어
6	M	중국어	영어	일본어	스페인어

② 석차 1등부터 1지망 우선 배정을 한다.

    1등 G학생 스페인어과 배정
    2등 F학생 중국어과 배정(1명)
    3등 H학생 영어과 배정
    4등 A학생 중국어과 배정(2명)
    5등 I학생 중국어과 배정(3명)

※ 이 경우 중국어과 정원이 모두 채워졌으므로, 중국어과는 배정이 되지 않는다. 따라서 6등인 M학생은 2지망인 영어과에 배정된다.

진학상황

2005학년도

학교	총계
서울대학교	9
연세대	68
고려대	63
서강대	37
이화여대	30
한의대·의과대·수의대	25
한국외대	22
한양대	22
성균관대	17
교대	18
한동대	13
서울시립대	11
경희대	9
중앙대	9
해외대학교(미국+일본)	9
한국정보통신대	3
포항공대	2
사관학교	2

2006학년도

학교	총계
서울대학교	9
연세대	84
고려대	64
한의학계열	49
한국외대	47
서강대	38
이화여대	39
교대	26
숙명여대	23
한동대	22
성균관대	21
카이스트	16
해외대학교(미국+일본)	13
한국정보통신대	5
포항공대	4
경찰대	2

교육실적

2006년 고양외고 각종 대회 출전 결과

1. 외국어분야
중국교육부상 한국 제5회대회 고등학교A부 금상
제7회 국제 영어대회IET 금상
제11회 전국 영어·수학 학력 경시대회 영어 장려상
제17회 전국 중고등학교 외국어경시대회 영어부문 은상
제18회 전국 중고등학교 외국어경시대회 일본어부문 장려상
제7회 전국 일본어 말하기 대회 동상

2. 논술분야
마티스와 불멸의 색채화가들 전시 감상문 현상공모전 은상
2006 WISE 인천경기과학축제 실험경연대회 대상
2006년 논술경시대회 늘품미디어 대상, 금, 은상, 최우수상
제6회 전국청소년 호수예술제 백일장 부문 동상
제4회 전국고교논술경시대회HET 장려상
2006년 논술경시대회 대상
나라사랑 문예백일장 논술부문 최우수상

3. 수학, 과학 분야
제20회 한국수학올림피아드 1차 시험 고등부 장려상
제10회 전국고등학교 수학 경시대회 금상, 은상
제14회 한국생활과학탐구올림픽 경기도대회 장려상
제13회 한국수학경시대회KMC 장려상
제11회 전국영어·수학 학력 경시대회 수학 장려상
2006 학생 천체관측대회 동상

4. 학력분야
제16회 SK전국고교생 대입학력 경시대회 외국어영역 만점상
경기도 교육감 학업상 표창
2006년 전국 중고등학교 일본어 학력경시대회 고등부 최우수상

5. 특별활동 분야
제2회 장애인 인식개선 및 사회통합을 위한 표어대회 대상
제12회 KSC한국학생특기 경시대회 한자부문 은상
2006년도 제7회 전국 지리 올림피아드 경기지역대회 동상
전국 고등학교 디자인 실기대회 및 영상 콘텐츠 입선
제4회 고양시장기 우리 얼 잇기 풍물 4-H경연대회 장려상
WATCH21 교육연구 프로그램 대상
제4회 전국고교 증권 경시대회 우수상

기숙사 입소안내

1) 입사신청 개요
① 입사신청기간은 방학 1주일 전과, 개학 1주일 후로 제한한다.
② 신청기간이 지난 신청서는 무효이다.(단, 이사 등 부득이한 사유 발생시 제외)
③ 중간 퇴사자가 생길경우, 신청기간에 제출한 신청자만을 신입사자 대상으로 한다.
④ 입사심사는 신청기간 일주일 후에 한다.

2) 입사조건순위
① 원거리 학생으로 통학이 불가능한 자
② 성적우수자
   1학년- (내신성적 전과목 평균 90점 이상자)
   2,3학년- 모의고사 성적(언+수+외) 백분율 95% 이상자
③ 예상하지 못한 갑작스런 사정이 발생한 자(이사, 특이한 가정사정 등)
④ 입사신청일자 우선자
⑤ 기타 기숙사 공동체생활에 결격사유가 없는 자

3) 입사신청 방법
① 입사신청서를 1부를 작성한다.(학생부 담당교사 지급)-양식
② 구비서류(성적증명서/모의고사 성적표 복사본 1부)를 제출한다.(학생부 담당교사)
③ 심사 후 입사 허가를 받으면(개별연락) 기숙사 생활수칙과 안내를 받는다.(학생부 담당교사)

4) 퇴사신청 개요
① 매월 마지막 주에만 퇴사가 가능하다.(단, 갑작스런 이사, 전학 등의 기타사유 제외)
② 퇴사 신청은 퇴사 희망일 일주일 전에 퇴사신청서를 작성한다.(학생부 담당교사 지급)-양식
③ 퇴사 허가 날짜에 퇴사한다.(개별연락)

5) 기숙사 정원
남 125명
여 125명 > 총 250명

6) 회화수업 계획
매주 수요일 19시 30분 ~ 21시 30분 / 원어민 교사에 의한 진행

기숙사 내규

1) 기숙사 내규는 교장, 교감, 각 학년 부장, 학생부장, 원어민 교사, 사감 교사로 이루어진 운영위원회에서 결정하여 시행한다.
2) 기숙사 내규를 위반한 경우, "삼진 아웃제"를 엄격히 적용하여, 보호자에게 연락 후 강제퇴사 절차를 밟게 된다.
3) 퇴사자(자진퇴사/강제퇴사)는 재입사가 허용되지 않는다.
   자진퇴사 절차 : 상담(사감)→퇴사원서제출(1주일 전)→공동물품 반납 및 확인→기숙사비 환불 (환불 시점은 기숙사 퇴사 원서를 제출하고 퇴사한 날로 함)

1) 일과 시간
① 기상: 정해진 시간(오전 6시 20분)에 기상하여 세면 및 수업 준비를 한다.
② 교실 입실: 정해진 시간(오전 7시)까지 기숙사에서 퇴실하여 교실로 이동한다.
③ 기숙사 출입금지: 정해진 시간(오전 7시부터 오후 11시)까지는 기숙사에 출입해서는 안 된다. (단 수요일은 오후 5시 이후에 허용한다).
④ 조퇴: 환자 외에는 허용하지 않는다.(단, 먼저 보건실을 경유하고, 환자는 담임선생님과 사감 선생님께 허락을 받은 후 기숙사에 입실한다.)
⑤ 점호: 정해진 점호시간(오후 11시 45분)에 전원 참석한다.
⑥ 샤워: 가능한 한 자정 12시까지로 한다.(단, 자정 이후에 해야 하는 경우 조용히 한다)
⑦ 소등시간: 자정(12시)에 각 실은 소등한다.(소등 후에는 방에서 휴대폰 수신을 할 수 없으며 음악 감상은 이어폰을 사용한다)
⑧ 자율학습: 정해진 독서실 자리에서 실시한다.
⑨ 취침: 가능한 한 새벽 1시에는 취침하며 침묵을 유지한다.

2) 일과표
시간	내용
06:20	기상
06:20-06:40	세면, 방정리정돈
06:40-06:50	준비물 점검
06:50-07:00	교실 입실

기숙사 내규

07:00-07:50	식사 및 자기주도 학습
07:50-08:00	담임 조회시간
08:00-22:50	수업, 특기적성, 자기주도 학습
	(기숙사 출입금지: 단 수요일 17:00이후 허용)
22:50-23:00	기숙사 입실
23:00-23:30	세면, 자유시간, 취침준비
23:30-23:45	점호 및 소등
23:45-01:00	자율학습 및 취침

3) 기숙사 휴관
① 토요일 오후 2시에 귀가하고 일요일 오후 9시부터 오후 11시 전까지 기숙사에 입실한다.
② 특별한 사유(사감에게 사전 연락) 없이는 반드시 정시에 귀가한다.
③ 공휴일에는 전날 자율학습 이후 기숙사에서 퇴실하여야 하고, 오후 9시부터 오후 11시 전까지 기숙사에 입실한다.

4) 생활 수칙
① 전열기구(헤어드라이어는 허용) 사용을 금한다.
② 다른 사람의 학습이나 취침에 방해가 되는 행위(개인용 워크맨 사용은 허용)를 금한다
③ 음주나 흡연을 금한다.
④ 세탁을 금한다.(일주일 동안 사용한 세탁물은 토요일 퇴실 시 집에 가져가 세탁해 온다)
⑤ 무단외출을 금한다.(1아웃)
⑥ 침구 정돈(2회 지적 시 1아웃)
⑦ 옷장 정돈(2회 지적 시 1아웃)
⑧ 신발장 정돈(2회 지적 시 1아웃)
⑨ 세면도구, 및 청소도구 정돈(2회 지적 시 1아웃)
⑩ 젖은 수건은 반으로 접어 침대 난간에 걸어서 말린다.(2회 지적 시 1아웃)
⑪ 사생들 간에 욕하거나 폭력을 휘두르는 것을 금한다.(1아웃)
⑫ 비사생과 함께 기숙사 출입을 금한다.
⑬ 만화책 회람을 금한다.
⑭ 소등(자정 12시) 이후 다른 방 출입 및 취침을 금한다.

⑮ 독서실 책상 위와 의자를 깨끗이 정리하여야 한다.(2회 지적 시 1아웃)

5) 학원 수강
① 학원수강은 수요일 오후 9시 30분 이후에만 허용한다.

6) 회화 수업
① 회화 수업은 2학년 1학기까지 정해진 시간에 의무적으로 출석하여야 한다.
② 회화 수업에 지각(2회 지각 시 1회 결석으로 간주)하거나 결석해서는 안 된다.
③ 학원 수강 등의 이유로 결석해서는 안 된다.(결석 시 1아웃)

7) 성경 공부
① 성경 공부는 재학기간 동안 출석하여야 한다.
② 성경 공부에 지각(2회 지각 시 1회 결석으로 간주)하거나 결석해서는 안 된다.
③ 학원 수강 등의 이유로 결석해서는 안 된다.(결석 시 1아웃)

8) 독서실 수칙
① 독서실 개방시간은 입실 후 퇴실까지이다.
② 독서실 내에서는 절대 침묵을 유지한다.
③ 독서실 내에 음식물 반입을 금하며 특히, 껌을 씹는 소리를 내지 않는다.(2회 지적 시 1아웃)
④ 독서실 내에서 핸드폰 사용을 일체 금한다.(2회 지적 시 1아웃)
⑤ 지정된 좌석에 앉아 공부하도록 한다.(2회 지적 시 1아웃)
⑥ 퇴실할 때는 책상과 의자를 깨끗이 정리한다.(2회 지적 시 1아웃)
⑦ 독서실 입실 후에는 다른 사람의 집중력에 방해되지 않도록 자정 12시 이후에는 출입을 자제한다.(2회 지적 시 1아웃)
⑧ 기숙사 실내화(슬리퍼)를 끄는 소리를 내지 않는다.(2회 지적 시 1아웃)
⑨ 독서실 내에 청소는 공동책임으로 한다.

보도자료

올해 SKY 입학생 157명 '전국 7위권'

카이스트·포항공대·외국유명대도 30여명 진학
하루 세끼 단체급식… 아침 7시부터 밤 11시까지 공부
올해 신입생 경쟁률 5대1… 학교 평판 갈수록 좋아져

    조선일보는 경기북부 지역의 명문고등학교를 탐방, 연재한다. 명문 고등학교들이 내 고장 최고의 동량지재(棟梁之材)를 어떻게 교육하고 있는지, 학생들은 어떻게 공부하고 있는지 등 궁금한 내용들을 알아본다. 제일 먼저 고양시 관산동의 고양외국어고등학교를 찾아가 봤다.

    고양시 관산동 아름다운 통일로변에 위치한 고양외국어고등학교. 학교 앞으로는 지역 하천인 곡릉천이 흐르고, 통일로 너머로 저 멀리 북한산이 우뚝 솟아 있다. 올 해로 3기 졸업생을 배출한 신예(新銳)지만, 일산신도시 등 개발 지역의 높은 교육열을 반영해 빠른 속도로 성장하고 있었다.

◆ 아침식사도 학교에서

고양외고는 아침 7시부터 밤 11시까지 강도 높은 교육을 실시한다. 늦은 시간까지 학생뿐 아니라 선생님도 교실당 한 명씩 남아서 야간자율학습을 지도한다. 굳이 독서실을 다닐 필요가 없는 것. 이처럼 일상의 대부분을 학교에서 보내야 하는 학생들을 위해 아침 포함, 하루 세끼를 단체급식으로 제공한다.

고양외고 1학년 학생들이 즐거운 표정으로 수업을 받고 있다.

잠 자는 시간마저 아깝다면 기숙사에 들어가면 된다. 전교생(1500여 명)의 17%인 250여 명을 수용할 수 있는 기숙사가 남·여 각각 한 동씩 마련돼 있다. 식비를 제외하고 한 달에 19만 원을 내면 된다. 기숙사 입실은 원거리 통학 학생에 우선권이 주어진다.

고양외고는 중학교 내신성적 상위 1.5% 이내인 학생 총 10명을 뽑는 글로벌 리더 전형을 통해 3년 장학금(1600여 만 원)을 준다. 2005년부터 시작해 20명이 이 제도의 혜택을 입었다. 학교장추천자·어학특기자·성적우수자 등 다양한 특별전형으로 신입생을 뽑는다. 이 가운데 중학교 내신성적 우수자 50명의 경우, 무시험 입학 자격이 주어진다. 2004년 2.6대1이었던 입학 경쟁률이 2007년도엔 5대1까지 높아졌다. 정원의 3%(약 14명)에 해당하는 수를 해외귀국자에 배정해 놓아 미국·일본·중국 등지에서 귀국하는 학생들이 매년 입학하고 있다. 그 경쟁률도 작년 1.5대1에서 올해 2대1로 높아지는 추세다.

보도자료

학교의 지원과 뛰어난 학생들의 입학으로 대학진학 성적은 갈수록 나아지고 있다. 올해 서울대(9)·연세대(84)·고려대(64)에 합격자를 다수 냈다.

특히, 이공계 진학 성적이 좋다. 올해 의대·한의대·치대 합격생수가 49명이었다. 카이스트(16), 포항공대(4), 한국정보통신대(ICU·5) 등 우수 이공계 대학으로도 진학했다.

해외 유학반이 매년 10여 명 규모로 운영된다. 이들 중 상당수가 미국 코넬대(4)·카네기멜런대(1)·뉴욕대(3)와 일본 게이오대(2)·메이지대(1)·와세다대(3) 등 유명 대학에 들어갔다. 연세대 언더우드 국제학부 같은 국내대학 국제학부를 준비하는 국제반도 매년 30여 명씩 꾸려진다. 이들은 영어 에세이 훈련과 호스피스 등 봉사활동을 통해 입학을 준비한다.

고양외고를 소개한 각종 보도자료들

◆ 학교 역사

고양외고는 2001년 11월 벽제고에서 외고로 전환 인가를 받았다. 처음엔 영어·중국어·일본어 각 2학급씩 총 6학급으로 시작했다. 이후 2002년 11월 영어·중국어과 각 1학급씩 늘었고, 2005년 11월엔 영어·중국어과 각 1학급, 스페인어과 2학급이 증설됐다. 현재 한 학년당 12학급 500여 명이 재학 중이다. 고양·파주지역의 유일한 외고로 2007년 신입생 505명 중 고양시 출신이 363명으로 경기(55), 서울·인천(52)을 압도하고 있다. 올해 졸업생을 포함, 총 941명의 졸업생을 배출했다. 원어민 강사 6명을 포함, 총 81명의 선생님들도 EBS강사·수능출제위원·참고서 집필진 등으로 이뤄져 있다.

고양외고의 건물들. 좌측부터 글로리아관(체육관), 비전관 그레이스관(도서관 기숙사), 미래관(본관)

남·여 기숙사와 도서관(450석), 체육관 등 건물 6동이 1만 평 부지에 들어서 있다. 학교 측은 도서관의 수요가 많아서 현재와 같은 규모의 제2도서관을 지을 계획이다. 나병찬 교감은 "지원자가 꾸준히 증가하고, 학교 평판도 점점 좋아지고 있다"며 "올해 서울·연·고대 입학자 수로만 전국 7위권이었는데 5위권까지 끌어 올리도록 하겠다"고 말했다.

조선일보 최형석 기자 cogito@chosun.com

미래를 여는 지식의 힘—
상상예찬(주) :: 도서출판 **선·미디어**
http://www.smbooks.com Tel. 02-325-5191